# Manual dos Direitos Trabalhistas do Empregado e do Empregador Doméstico

**CHRISTIANO ABELARDO FAGUNDES FREITAS**

*Advogado. Pós-graduado em Direito e em Língua Portuguesa.
Professor da Universo, da Faculdade de Direito de Campos (FDC)
e da Universidade Candido Mendes. Advogado-orientador do Núcleo de Prática
Jurídica da FDC e da Universo. Membro da Academia Campista de Letras
(Cadeira n. 19). Escritor. Coordenador e professor do curso de
pós-graduação lato sensu em Direito do Trabalho e Direito Processual
do Trabalho da Faculdade de Direito de Campos.*

**LÉA CRISTINA BARBOZA DA SILVA PAIVA**

*Advogada. Mestra pela UCAM. Professora da Universo e da Universidade
Candido Mendes. Professora do curso de pós-graduação
lato sensu da Faculdade de Direito de Campos.
Advogada-orientadora do Núcleo de Prática Jurídica da
Universidade Candido Mendes e da Universo. Escritora.*

Christiano Abelardo Fagundes Freitas
Léa Cristina Barboza da Silva Paiva

# Manual dos Direitos Trabalhistas do Empregado e do Empregador Doméstico

LTr®

**LTr**
**EDITORA LTDA.**

© Todos os direitos reservados

Rua Jaguaribe, 571
CEP 01224-001
São Paulo, SP — Brasil
Fone (11) 2167-1101
www.ltr.com.br

Produção Gráfica e Editoração Eletrônica: R. P. TIEZZI
Projeto de Capa: FABIO GIGLIO
Impressão: PIMENTA GRÁFICA E EDITORA

LTr 5132.8
Outubro, 2014

Dados Internacionais de Catalogação na Publicação (CIP)
(Câmara Brasileira do Livro, SP, Brasil)

Freitas, Christiano Abelardo Fagundes
   Manual dos direitos trabalhistas do empregado e do empregador doméstico / Christiano Abelardo Fagundes Freitas, Léa Cristina Barboza da Silva Paiva. — São Paulo : LTr, 2014.

   Bibliografia
   ISBN 978-85-361-3134-4

   1. Empregadores — Direitos 2. Empregados domésticos — Direitos 3. Empregados domésticos — Leis e legislação — Brasil 4. Relações de trabalho I. Paiva, Léa Cristina Barboza da Silva. II. Título.

14-09381                                    CDU-34:331:647.2(81)

Índice para catálogo sistemático:

1. Brasil : Empregadores e empregados domésticos : Direito do trabalho   34:331:647.2(81)

## Dedicatória

A todos os meus colegas de ofício, advogados e professores, por desempenharem misteres tão nobres, mormente em um país marcado pela falta.

Aos meus alunos da Universo, da Universidade Candido Mendes e da Faculdade de Direito de Campos (graduação e pós-graduação), pelo carinho, pelo respeito e pela amizade. Vocês são os verdadeiros responsáveis por esta obra e pelo sucesso das anteriores.

À minha amiga, Léa. Assiste razão aos nossos alunos: nós formamos uma equipe e não uma dupla!

À magistrada trabalhista Dra. Ana Maria Mendes do Nascimento, pelo prefácio desta Obra e pela participação sempre brilhante nos nossos cursos de pós-graduação.

Aos meus familiares, em especial, aos meus avós maternos, Francisco Fagundes e Adélia Chalita (ambos *in memoriam*), por terem me proporcionado uma infância digna de "enredo" para as fabulosas histórias infantis de Monteiro Lobato.

*Christiano Abelardo Fagundes Freitas*

# Dedicatória

Ao meu querido Renato, companheiro incansável em todas agruras relativas à internet, mormente no que pertine ao PJe.

Às minhas filhas, Yonne e Renata.

À minha pequena Gabriela.

À Ana Maria, que me apresentou ao Direito do Trabalho, minha eterna gratidão.

A meus ex e atuais alunos, que recebam em triplo tudo que me deram nesses 18 anos de magistério.

*Léa Cristina Barboza da Silva Paiva*

*Agradeço a Deus por ter me dado a felicidade de colocar em meu caminho o grande companheiro e parceiro Christiano, que, com sua competência, sensatez, bondade e solidariedade, tornou mais esta obra realidade.*

*Campos, inverno de 2014.*

*Léa Cristina Barboza da Silva Paiva*

# Sumário

**Prefácio** — *Ana Maria Mendes do Nascimento*.......................... 17

**Capítulo 1** — **Empregado Doméstico: Conceito e Exemplos de Trabalhador (Empregado) Doméstico** .................. 19

1.1. Conceito ................................................................. 19
1.2. Exemplos de empregados domésticos...................................... 23

**Capítulo 2** — **"Diarista" ou Empregado Doméstico?** ........... 28

**Capítulo 3** — **Direitos Trabalhistas dos Empregados Domésticos**................................................................... 35

3.1. Salário mínimo ........................................................ 37
3.2. Irredutibilidade salarial............................................... 38
3.3. Garantia de salário, nunca inferior ao mínimo, para os que percebem remuneração variável ..................... 39
3.4. Décimo terceiro salário............................................... 39

3.5. Proteção do salário na forma da lei, constituindo crime sua retenção dolosa .................................................................. 40

3.6. Jornada de 8 (oito) horas e módulo semanal de trabalho de 44 (quarenta e quatro) horas ............................................. 41

3.7. Repouso semanal remunerado ..................................................... 41

3.8. Horas extraordinárias ................................................................. 42

3.9. Férias ........................................................................................... 43

3.10. Licença-maternidade e estabilidade da gestante ...................... 44

3.11. Licença-paternidade .................................................................. 45

3.12. Aviso-prévio .............................................................................. 46

3.13. Vale-transporte .......................................................................... 49

3.14. Feriados ..................................................................................... 50

3.15. Intervalos intrajornada e interjornada .................................... 50

3.16. Anotação na CTPS .................................................................... 51

3.17. Direitos que dependem de regulamentação legal .................... 52

## Capítulo 4 — Direitos não Estendidos ao Doméstico .......... 54

4.1. Multa prevista no artigo 477, § 8º, da CLT ............................... 55

4.2. Sucessão de empregadores .......................................................... 59

4.3. Adicional de insalubridade ......................................................... 59

4.4. Adicional de periculosidade ....................................................... 61

4.5. Adicional de transferência ......................................................... 62

4.6. Equiparação salarial ................................................................... 63

4.7. Multa prevista no artigo 467 da CLT ........................................ 63

4.8. Assistência na rescisão contratual .............................................. 65

4.9. Artigo 500 da CLT ...................................................................... 65

4.10. Programa de Integração Social (PIS) ...................................... 66

**Capítulo 5 — Empregado Doméstico e Assédio Moral** ........ 68

5.1. Atraso no pagamento de salário............................................. 70

5.2. Uso de palavras ou de expressões depreciativas ................. 73

5.3. Falta de assinatura na CTPS .................................................. 77

5.4. Registros indevidos na CTPS ................................................. 78

**Capítulo 6 — Obrigações do Empregado Doméstico** ........... 81

**Capítulo 7 — Prescrição** ............................................................. 86

7.1. Prescrição total e parcial ....................................................... 87

7.2. Prescrição em ações declaratórias ....................................... 87

7.3. Declaração da prescrição de ofício ...................................... 88

7.4. Prescrição e empregado doméstico ..................................... 89

**Capítulo 8 — Modelos de Recibos** ............................................ 91

8.1. Contracheque ........................................................................ 92

8.2. Vale-transporte ..................................................................... 94

8.3. Folha de ponto ...................................................................... 95

8.4. Aviso de férias ....................................................................... 96

8.5. Recibo de férias ..................................................................... 97

8.6. Aviso-prévio trabalhado ....................................................... 98

8.7. Aviso-prévio indenizado ....................................................... 99

**Referências** ................................................................................ 101

## Dignidade
(Christiano Fagundes)

Sonho com um país sério,
sem fome de comida e de educação,
um país que respeite o cidadão,
que tenha a igualdade como cartão.
Desejo uma nação independente,
com suas crianças na escola,
sem calos na mão,
dando asas para a imaginação.
É preciso raiar a dignidade,
tirar os guris da pedreira.
Chega de meninos sem eira, sem dedo e sem beira.
Que o país do futuro seja um dia realidade
e enxergue as pessoas de todas as idades.

# Prefácio

*Manual dos Direitos Trabalhistas do Empregado e do Empregador Doméstico* aflora em um momento histórico, no qual muitos direitos trabalhistas, assegurados pela Constituição da República Federativa do Brasil aos trabalhadores urbanos e rurais, são irradiados para a categoria dos empregados domésticos.

Esta obra registra, de forma pedagógica, os direitos trabalhistas que foram conquistados pelos empregados domésticos, em virtude da Emenda Constitucional n. 72/2013, não deixando à margem os direitos ainda não regulamentados, bem como os que não foram estendidos à referida categoria.

As principais divergências doutrinárias e jurisprudenciais são também registradas em seus respectivos capítulos, consignando o entendimento de diversos tribunais, inclusive, o da Alta Corte Trabalhista.

Fruto da larga experiência dos autores, tanto na advocacia trabalhista, como no magistério superior, *Manual dos Direitos Trabalhistas do Empregado e do Empregador Doméstico* deve ser lido por todos os protagonistas do cenário jurídico.

*Ana Maria Mendes do Nascimento*
Juíza do Trabalho-TRT da 17ª Região

# Capítulo 1

# Empregado Doméstico: Conceito e Exemplos de Trabalhador (Empregado) Doméstico

## 1.1. CONCEITO

Segundo a Lei n. 5.859/72, é empregado doméstico

"aquele que presta serviços de natureza contínua e de finalidade não lucrativa à pessoa ou à família no âmbito residencial destas."

Entendemos que o legislador não foi muito técnico, ao usar a expressão **"no"** âmbito residencial, pois, na realidade, é empregado doméstico tanto aquele que presta serviços "**no**" âmbito residencial como também aquele que labora **para** o âmbito da residência, pois o motorista, por exemplo, não trabalha **no** interior da residência e pode ser um doméstico, quando trabalha para família ou **para** pessoa física, desde que o seu trabalho seja tomado de forma contínua e sem fins lucrativos.

Assim, elaboramos o seguinte conceito:

> Empregado doméstico é a pessoa física, maior de 16 (dezesseis) anos de idade, que trabalha de forma subordinada e contínua, para pessoa ou família, que não explore atividade lucrativa, para o âmbito residencial dessas e mediante salário.

Registramos, porém, que, para o Ministério do Trabalho e Emprego, o empregado doméstico tem de ser maior de 18 (dezoito) anos, *ipsis litteris*:

> "Considera-se trabalhador doméstico aquele maior de 18 (dezoito) anos que presta serviços de natureza contínua (frequente, constante) e de finalidade não lucrativa à pessoa ou à família, no âmbito residencial destas. Assim, o traço diferenciador do emprego doméstico é o caráter não econômico da atividade exercida no âmbito residencial do empregador. Nesses termos, integram a categoria os seguintes trabalhadores: empregado, cozinheiro, governanta, babá, lavadeira, faxineiro, vigia, motorista particular, jardineiro, acompanhante de idosos, dentre outras. O caseiro também é considerado trabalhador doméstico, quando o sítio ou local onde exerce a sua atividade não possui finalidade lucrativa."

Importante consignar, para afastar qualquer possibilidade de equívoco, que quem não visa à "lucratividade" é o empregador doméstico, pois o empregado doméstico, como qualquer outro, faz jus ao recebimento de salários.

Logo, caso uma pessoa seja contratada para cozinhar para um restaurante, não será empregada doméstica, pois, além de não trabalhar para uma pessoa física, a atividade desenvolvida pelo empregador visa ao lucro. Essa cozinheira será uma empregada regida pela Consolidação das Leis Trabalhistas (CLT) e não pela Lei n. 5.859/72.

A pessoa que trabalha em um escritório de advocacia, em um consultório médico ou odontológico, fazendo faxina ou preparando cafezinho, não é empregada doméstica, porque a atividade desenvolvida pelo empregador, nesses casos, visa ao "lucro".

Pelo exposto acima, percebe-se que, quando uma pessoa é contratada para fazer salgadinhos que serão vendidos pelo empregador, não será trabalhadora doméstica, mas uma empregada regida pela CLT, mesmo que os salgados sejam preparados na residência do empregador, porque existe a intenção de lucro por parte do empregador.

Com espeque no conceito *supra*, verifica-se que, para ser empregado doméstico, são necessários os seguintes requisitos:

    a) ser pessoa física;

    b) trabalhar para pessoa física ou para a família, para o âmbito residencial dessas;

    c) laborar de forma subordinada e contínua;

    d) o labor desenvolvido não seja explorado com intuito de lucro, por parte do empregador.

Entre os requisitos supracitados, o que mais causa polêmica é o relativo ao trabalho de forma contínua.

Importante gizar que, de acordo com a Súmula n. 19 do TRT da 1ª Região (RJ),

> "A prestação laboral doméstica realizada até 3 (três) vezes por semana não enseja configuração do vínculo empregatício, por ausente o requisito da continuidade previsto no artigo 1º da Lei n. 5.859/72."

Nesse sentido também o entendimento adotado pelo TST, conforme corrobora a ementa abaixo registrada: *Verbis*:

"A) AGRAVO DE INSTRUMENTO EM RECURSO DE REVISTA. DIARISTA. VÍNCULO EMPREGATÍCIO. EMPREGADO DOMÉSTICO. NÃO CARACTERIZAÇÃO.

Constatada a aparente violação do artigo 1º da Lei n. 5.859/72, impõe-se prover o agravo de instrumento para determinar o processamento do recurso de revista. Agravo de instrumento conhecido e provido.

B) RECURSO DE REVISTA. DIARISTA. VÍNCULO EMPREGATÍCIO. EMPREGADO DOMÉSTICO. NÃO CARACTERIZAÇÃO.

Do exame do artigo 1º da Lei n. 5.859/72, percebe-se que o reconhecimento do vínculo empregatício do doméstico está condicionado à continuidade na prestação dos serviços, não se prestando ao reconhecimento do liame a realização de trabalho durante alguns dias da semana. No caso, segundo a realidade que o acórdão regional revela, nota-se que efetivamente não restou demonstrado o preenchimento do requisito da continuidade previsto no artigo 1º da Lei n. 5.859/72, mas, sim, o labor exercido em 1 (um) ou 2 (dois) dias da semana. Assim, não há como reconhecer o vínculo empregatício entre as partes, pois, na hipótese, está-se diante de serviço prestado na modalidade de empregado diarista. Recurso de revista conhecido e provido."

(TST, 8ª Turma, RR 101-83.2010.5.01.0244, Relatora Ministra Dora Maria da Costa, DEJT de 1º.7.2014).

Para a mencionada Ministra Relatora Dra. Dora Maria da Costa,

> "O artigo 3º da CLT exige, para o reconhecimento do vínculo empregatício, entre outros, o elemento da prestação de serviços não eventual."

> Por outro lado, mas na mesma linha, o artigo 1º da Lei n. 5.859/72, que trata da profissão do empregado doméstico, dispõe, *in verbis:*

'Artigo 1º Ao empregado doméstico, assim considerado aquele que presta serviços de natureza contínua e de finalidade não lucrativa à pessoa ou à família no âmbito residencial destas, aplica-se o disposto nesta lei.'

Dos textos legais em exame, percebe-se que o reconhecimento do vínculo empregatício do doméstico está condicionado à continuidade na prestação dos serviços, não se prestando ao reconhecimento do liame a realização de trabalho durante alguns dias da semana, ainda que tal situação perdure no tempo, considerando-se que, para o doméstico com vínculo de emprego permanente, a jornada de trabalho, geral e normalmente, é executada de segunda a sábado, ou seja, 6 (seis) dias na semana, até porque foi assegurado ao doméstico o descanso semanal remunerado, preferencialmente aos domingos (CF, artigo 7º, XV, parágrafo único).

Não se pode menosprezar a diferença do tratamento dado pelo legislador a cada modalidade de trabalhador. São situações distintas, em que os serviços do doméstico corresponderão às necessidades permanentes da família e do bom funcionamento da residência. As atividades desenvolvidas em alguns dias da semana, com relativa liberdade de horário e vinculação a outras residências e percepção de pagamento, ao final de cada dia, apontam para a definição do trabalhador autônomo, identificado como diarista.

No caso, segundo a realidade que o acórdão regional revela, não restou configurada a continuidade na prestação dos serviços, o que, repita-se, a teor do artigo 1º da Lei n. 5.859/72, constitui elemento intransponível para a configuração do vínculo de emprego doméstico."

Assim, o magistrado trabalhista analisará cada caso, para definir se o trabalhador é ou não empregado.

## 1.2. EXEMPLOS DE EMPREGADOS DOMÉSTICOS

Quem poderá ser empregado doméstico? Um professor, um motorista, uma babá, um *personal trainer*, uma enfermeira, um caseiro, um piloto de avião, um vigia? A resposta aos questionamentos retro é sim.

A "enfermeira" que cuida de um idoso, de forma subordinada, na residência deste, mediante o recebimento de salário e de forma contínua, é, nesse contexto, uma empregada doméstica. Oportuno registrar o entendimento dos tribunais quanto a esse assunto. *Verbis*:

> "RECURSO ORDINÁRIO. TÉCNICA DE ENFERMAGEM. ÂMBITO RESIDENCIAL. EMPREGADA DOMÉSTICA.
>
> Em que pese a autora ter qualificação em técnica de enfermagem, os serviços foram prestados para pessoa física e em âmbito residencial, o que qualifica a relação havida entre as partes como labor doméstico, em razão da disposição constante do artigo 1º da Lei n. Lei n. 5.859/72. Recurso ordinário a que se nega provimento."
>
> (TRT, 8ª Reg., Processo n. 0001116-78.2010.5.06.0008 (RO), Rel. Juíza convocada Aline Pimentel Gonçalves)

O professor de Educação Física, contratado para ministrar aulas de ginástica, fora da academia, mais de 3 (três) dias na semana (mormente se os dias forem escolhidos pelo aluno), mediante salário, com pessoalidade na prestação do serviço, será um empregado doméstico.

Um piloto de avião, contratado para servir a uma família, de forma subordinada, contínua e com pessoalidade, é um empregado doméstico, pois, conforme se registrou acima, nesse caso, a atividade desenvolvida pelo empregador não visa ao lucro, e o empregado labora para uma família. Nesse sentido a Portaria SPS n. 2, de 6 de junho de 1979 (DOU 11.7.1979), abaixo transcrita:

> "O Secretário de Previdência Social, no uso de suas atribuições, e
>
> CONSIDERANDO a conveniência de atualizar, em face dos Decretos ns. 83.080 e 83.081, de 24 de janeiro de 1979, que aprovaram, respectivamente, os Regulamentos dos Benefícios (RBPS) e do Custeio (RCPS) da Previdência Social, a Portaria SPS n. 9, de 3 de novembro de 1978, que estabeleceu normas sobre filiação, inscrição e incidência de contribuições, na previdência social,

RESOLVE:

### Casos especiais

10. O piloto ou comandante de aeronave que exerce, sem relação de emprego, habitualmente e por conta própria, atividade profissional remunerada (CLPS, artigo 4º, IV, a) ou presta serviços de natureza contínua e de finalidade não lucrativa à pessoa ou à família, no âmbito residencial destas (CLPS, artigo 4º, III) é considerado, respectivamente, trabalhador autônomo ou empregado doméstico (Parecer CJ/MPAS n. 6/78).

### Disposição final

55. Esta Portaria substitui a Portaria SPS n. 9, de 3 de novembro de 1978, e revoga as disposições em contrário.

Milton Martins Moraes Secretário."

Da mesma forma, pode ocorrer, por exemplo, com o motorista e com o vigia. *Verbis*:

"RELAÇÃO DE TRABALHO DOMÉSTICA. CONFIGURAÇÃO.

Nos termos do artigo 1º da Lei n. 5.859/72, doméstico é a pessoa física que trabalha de forma pessoal, subordinada, continuada e mediante salário, para outra pessoa física ou família que não explore atividade lucrativa, no âmbito residencial. *In casu*, é indubitável que o primeiro réu nunca explorou a mão de obra do reclamante com intuito de lucro, até mesmo porque inexistem evidências de que os proprietários compravam e vendiam imóveis economicamente. O conjunto probatório apenas permite concluir que o reclamante atuava na vigilância de terreno particular por interesse restrito do primeiro reclamado e em benefício deste, sem que da prestação dos serviços prestados pelo obreiro resultasse qualquer lucro para o réu. A energia despendida com o trabalho do reclamante jamais foi utilizada com a finalidade de obtenção de lucro pelo primeiro reclamado, caracterizando, a toda evidência, a relação de emprego doméstica."

(TRT, 3ª Reg., RO 0001923-33.2012.5.03.0131, Rel. Juiz convocado Manoel Barbosa da Silva, DJEMG 7.3.2014)

A ementa a seguir da lavra da Juíza Dra. Alice Monteiro de Barros é assaz esclarecedora. *Verbis*:

"ENQUADRAMENTO — TRABALHADOR DOMÉSTICO

O artigo 1º da Lei n. 5.859/72 conceitua o empregado doméstico como sendo 'aquele que presta serviços de natureza contínua e de finalidade não lucrativa à pessoa ou à família, no âmbito residencial destas'.

Do conceito de empregado doméstico emergem os seguintes pressupostos:

a) o trabalho realizado por pessoa física;

b) em caráter contínuo;

c) no âmbito residencial de uma pessoa ou família;

d) sem destinação lucrativa.

Compreende-se, portanto, na categoria de empregado doméstico, não só a cozinheira, a copeira, a babá, a lavadeira, o mordomo, a governante, mas também os que prestam serviços nas dependências ou prolongamento da residência, como o jardineiro, o vigia, o motorista, o piloto, o marinheiro particular, os caseiros e zeladores de casas de veraneio ou sítios destinados ao recreio dos proprietários, sem qualquer caráter lucrativo. Equipara-se, ainda, a empregado doméstico a pessoa física que trabalha como segurança do empregador ou de seus familiares, reunindo os pressupostos do artigo 1º da Lei n. 5.859/72. Se o próprio reclamante confessa, em seu depoimento pessoal, que a prestação de serviços estava restrita à segurança pessoal do empregador e aos serviços de vigia em sua residência, há de ser mantido seu enquadramento como empregado doméstico."

(TRT 3ª R. — 01492-2003-112-03-00-3 RO — 2ª T. — Relª Juíza Alice Monteiro de Barros — DJMG 12.5.2004)

Marcelo Moura esclarece que:

"Também se consideram unidades domésticas os imóveis de lazer como casa de veraneio e fazenda, bem como os meios de transporte da família, como carro ou até mesmo um jato particular. Não importa a formação profissional ou o grau de profissionalismo da atividade exercida no lar. Para ser caracterizada como tal, basta o trabalho no meio residencial, de forma contínua e pessoal."

Registramos ainda que não se pode contratar um empregado com idade inferior à de 16 (dezesseis) anos, porque a Constituição da República expressamente veda, no inciso XXXIII, do artigo 7º, tal possibilidade, permitindo apenas com relação ao aprendiz, que não é o caso do empregado doméstico, porquanto o aprendiz está vinculado pela legislação à Inscrição "em programa de aprendizagem, formação técnico-profissional metódica" (artigo 428, CLT).

# Capítulo 2

# "Diarista" ou Empregado Doméstico?

Inicialmente, mister destacar que os requisitos caracterizadores da relação de emprego são: a ineventualidade, a onerosidade, a pessoalidade, a alteridade e a subordinação.

No entanto, a pedra de toque para a diferenciação entre o empregado doméstico e o trabalhador diarista, segundo o entendimento jurisprudencial majoritário, é, além da subordinação, o requisito da continuidade.

Segundo o entendimento jurisprudencial dominante, que toma por base a redação do artigo 1º da Lei n. 5.859/72, cujo conteúdo faz menção a trabalho contínuo (e não apenas a trabalho não eventual), para ser empregado doméstico o obreiro tem de trabalhar 4 (quatro) ou mais dias da semana.

Corroborando a tese acima exposta, trazemos à colação as seguintes ementas:

"AGRAVO DE INSTRUMENTO EM RECURSO DE REVISTA — JARDINEIRO — RECONHECIMENTO DE VÍNCULO DE EMPREGO — TRABALHO DOMÉSTICO — CONTINUIDADE NÃO CONFIGURADA.

No caso dos autos, a Corte de origem assentou que o reclamante prestou serviço de natureza autônoma para a reclamada, inexistindo relação de trabalho doméstico, bem como consignou que o próprio reclamante confessou em seu depoimento que não havia dia certo para a prestação do serviço, escolhendo os dias para sua execução, sendo que os proprietários ficavam mais de 1 (um) ano sem aparecer na casa, descaracterizando a continuidade do serviço. Assim, tem-se que a pretensão do reclamante, em ver reconhecido o vínculo empregatício doméstico, esbarra no óbice contido na Súmula n. 126 desta Corte.

Agravo de instrumento desprovido."

(Processo: AIRR n. 32900-31.2009.5.01.0531. Data de Julgamento: 19.2.2014, Relator Ministro: Luiz Philippe Vieira de Mello Filho, 7ª Turma, Data de Publicação: DEJT 21.2.2014)

"DOMÉSTICO — FAXINEIRA — DIARISTA.

A Lei n. 5.859, de 1972, que dispõe sobre a profissão de empregado doméstico, o conceitua como 'aquele que presta serviços de natureza contínua e de finalidade não lucrativa a pessoa ou a família, no âmbito residencial destas'. Verifica-se que um dos pressupostos do conceito de empregado doméstico é a continuidade, inconfundível com a não eventualidade exigida como elemento da relação jurídica advinda do contrato firmado entre empregado e empregador regidos pela CLT. Continuidade pressupõe ausência de interrupção (cf. HOLANDA, Buarque de. *Novo dicionário Aurélio da língua portuguesa*. 2. ed. Rio de Janeiro: Nova Fronteira, 1986), enquanto a não eventualidade vincula-se com o serviço que se insere nos fins normais da atividade da empresa.

'Não é o tempo em si que desloca a prestação de trabalho de efetiva para eventual, mas o próprio nexo da prestação desenvolvida pelo trabalhador, com a atividade da empresa' (cf. VILHENA, Paulo Emílio Ribeiro de. Relação de emprego: supostos, autonomia e eventualidade. *Revista de Direito do Trabalho*, v. 7, n. 40, nov./dez. 1982).

Logo, se o tempo não descaracteriza a 'não eventualidade', o mesmo não se poderá dizer no tocante à continuidade, por provocar ele a interrupção. Desta forma, não é doméstica a faxineira de residência que lá comparece em alguns dias da semana, por faltar na relação jurídica o elemento continuidade."

(TRT 3ª R. — RO 16.732/97 — 2ª T. — Rel. Juíza Alice Monteiro de Barros — Julg. em 7.4.1998 — DJMG 8.5.1998)

"AGRAVO DE INSTRUMENTO. RECURSO DE REVISTA. RITO SUMARÍSSIMO. RELAÇÃO DE EMPREGO. DIARISTA. DECISÃO DENEGATÓRIA. MANUTENÇÃO.

Configurado o trabalho da faxineira doméstica por apenas 2 (dois) dias por semana, enquadra-se como descontínuo esse trabalho prestado, não atendendo ao elemento fático jurídico especialmente tipificado pela Lei do Trabalho Doméstico (serviços de natureza contínua — artigo 1º, *caput*, Lei n. 5.859/72). Ausente um dos elementos constitutivos da relação de emprego doméstica (continuidade), mostra-se correta a decisão recorrida que não enquadrou o vínculo entre as partes no tipo jurídico regulado pela Lei n. 5.859/72. Não há como assegurar o processamento do recurso de revista quando o agravo de instrumento interposto não desconstitui os fundamentos da decisão denegatória, que subsiste por seus próprios fundamentos.

Agravo de instrumento desprovido."

(Processo: AIRR n. 663-50.2013.5.03.0109 Data de Julgamento: 26.2.2014, Relator Ministro: Mauricio Godinho Delgado, 3ª Turma, Data de Publicação: DEJT 7.3.2014)

"RECURSO DE REVISTA — PROCESSO ELETRÔNICO — RELAÇÃO DE EMPREGO. DIARISTA. ARTIGO 896, § 4º, DA CLT E SÚMULA N. 333 DO TST.

Esta Corte vem adotando entendimento no sentido de que não existe relação de emprego entre o tomador dos serviços e a diarista que labora em sua residência apenas 2 (dois) ou 3 (três) dias na semana, ante o não preenchimento do requisito da continuidade, previsto no artigo 1º da Lei n. 5.859/72.

Recurso de Revista não conhecido."

(Processo: RR n. 1081-94.2010.5.03.0043 Data de Julgamento: 9.10.2013, Relator Ministro: Márcio Eurico Vitral Amaro, 8ª Turma, Data de Publicação: DEJT 11.10.2013)

"RECURSO DE REVISTA. VÍNCULO DE EMPREGO. DIARISTA. CONTINUIDADE.

De acordo com a jurisprudência desta Corte, não há vínculo de emprego doméstico entre o tomador dos serviços e a diarista que labora em sua residência apenas 2 (dois) ou 3 (três) dias na semana, ante o não preenchimento do requisito da continuidade, previsto no artigo 1º da Lei n. 5.859/72.

Recurso de revista conhecido e provido."

(RR n. 914-54.2010.5.09.0029, 8ª Turma, Relª Minª Dora Maria da Costa, DEJT 26.10.2012).

"RECURSO DE REVISTA. 1. VÍNCULO DE EMPREGO. DIARISTA.

O empregado doméstico é a pessoa física que presta, com pessoalidade, onerosidade e subordinação, serviços de natureza contínua e de finalidade não lucrativa à pessoa ou à família, no âmbito residencial. O labor exercido pela diarista em 2 (dois) ou 3 (três) dias alternados na semana tem caráter descontínuo da prestação de trabalho, não se adequando ao pressuposto específico da Lei n. 5.859/72, que rege os empregados domésticos.

Recurso de Revista não conhecido."

(TST-RR-44600-13.2009.5.04.0016, 2ª Turma, Rel. Min. Guilherme Augusto Caputo Bastos, DEJT 9.9.2011).

"FAXINEIRA. VÍNCULO DE EMPREGO. DOMÉSTICA. CONTINUIDADE.

A jurisprudência desta Corte firmou-se no sentido de que não se configura de vínculo de emprego doméstico entre o tomador dos serviços e a diarista que trabalha em sua residência apenas 3 (três) dias na semana, o que, conforme a decisão regional, é a hipótese dos autos, ante o não preenchimento do requisito da continuidade, previsto no artigo 1º da Lei n. 5.859/72.

Recurso de Revista de que não se conhece."

(TST-RR n. 99801-65.2006.5.01.0246, 5ª Turma, Rel. Min. João Batista Brito Pereira, DEJT 16.4.2010)

Discorrendo sobre a polêmica relativa ao enquadramento jurídico do trabalhador doméstico como diarista ou empregado, a ilustre Desembargadora do TRT da 3ª Região, Dra. Alice Monteiro de Barros, preleciona:

> "Não nos parece esteja incluída no artigo 1º da Lei n. 5.859 a trabalhadora chamada, impropriamente, de 'diarista' (faxineira, lavadeira, passadeira etc.), que trabalha nas residências, em dias quaisquer, para diversas famílias. É que a Lei n. 5.859, de 1972, considera doméstico 'quem presta serviços de natureza contínua e de finalidade não lucrativa à pessoa ou à família, no âmbito residencial destas...' (artigo 1º).
>
> De acordo com o *Novo dicionário Aurélio*, o vocábulo 'contínuo' significa 'em que não há interrupção, seguido, sucessivo'.
>
> É necessário, portanto, que o trabalho executado seja seguido, não sofra interrupção. Portanto, um dos pressupostos do conceito de empregado doméstico é a continuidade, inconfundível com a não eventualidade exigida como elemento da relação jurídica advinda do contrato de emprego firmado entre empregado e empregador, regido pela CLT. Ora, a continuidade pressupõe ausência de interrupção, enquanto a não eventualidade diz respeito ao serviço que se vincula aos fins normais da atividade da empresa. 'Não é o tempo em si que desloca a prestação de trabalho de efetivo para eventual, mas o próprio nexo da prestação desenvolvida pelo trabalhador com a atividade da empresa'. (Cf. VILHENA,

Paulo Emílio Ribeiro de. Relação de emprego: supostos, autonomia e eventualidade. *Revista de Direito do Trabalho*, v. 7, n. 40, p. 38/43, nov./dez. 1982). Logo, se a não eventualidade é uma característica que não depende do tempo, o mesmo não se pode dizer da continuidade, já que a interrupção tem natureza temporal.

Assim, não é doméstica a trabalhadora de residência que lá comparece em alguns dias da semana, por faltar na relação jurídica o elemento continuidade.

No mesmo sentido pronunciou-se Ísis de Almeida, quando asseverou que, tendo em vista a expressão 'contínua', fixada pela definição dada pela lei ao empregado doméstico, relativamente à natureza do serviço por ele prestado, é de se entender que aquele que trabalha esporadicamente, para diversas famílias, passa a ser trabalhador doméstico autônomo, sem o amparo, portanto, das normas estabelecidas na Lei n. 5.859, de 1972." (*Curso de direito do trabalho*. São Paulo: LTr, 2005. p. 318-319)

De forma mais eclética, trabalhando com a questão da variação dos dias de labor, a seguinte ementa:

"EMPREGADA DOMÉSTICA X DIARISTA.

Conquanto a Lei n. 5.859/72 não estabeleça o número de dias que o trabalhador doméstico tem de prestar seus serviços para ser alçado à categoria de empregado doméstico, certo é que há de se distinguir com muita cautela os empregados domésticos dos diaristas. Para tanto podemos nos valer de alguns quesitos, entre esses a frequência com que a prestação de serviços desse último se dá ao mesmo tomador, se ela ocorre em dia certo predeterminado ou se há flexibilidade, podendo variar de acordo com a semana. Comprovado o descomprometimento do trabalhador quando ao dia da semana, bem como quanto à frequência, impõe-se reconhecer a sua condição de diarista".

(TRT/SP n. 00007993920135020444 — RO — Ac. 3ª T. 20140230364 — Rel. Rosana de Almeida Buono — DOE 25.3.2014)

Em suma: para que um trabalhador doméstico seja considerado empregado e, não um "diarista" autônomo, independentemente de, na relação jurídica, encontrarem-se presentes os demais requisitos do vínculo de emprego, faz-se mister a presença da continuidade, que, segundo entendimento dos Tribunais Trabalhistas, é o labor prestado em mais de 3 (três) dias da semana.

Por derradeiro, registramos que, segundo o artigo 9º, § 15, inciso VI, do Regulamento da Previdência Social (Decreto n. 3.048/99), o diarista doméstico é um trabalhador autônomo. *Verbis*:

> "Artigo 9º São segurados obrigatórios da previdência social as seguintes pessoas físicas:
>
> (...)
>
> §15. Enquadram-se nas situações previstas nas alíneas 'j'" e 'l' do inciso V do *caput*, entre outros:
>
> VI — aquele que presta serviço de natureza não contínua, por conta própria, a pessoa ou família, no âmbito residencial desta, sem fins lucrativos."

# Capítulo 3

# Direitos Trabalhistas dos Empregados Domésticos

Com a Emenda Constitucional n. 72/13, derivada da Proposta de Emenda à Constituição n. 478/10 (número na Câmara dos Deputados) e n. 66/12 (número no Senado Federal), o parágrafo único, do artigo 7º da CRFB/88, passou a ter a seguinte redação:

> "Parágrafo único. São assegurados à categoria dos trabalhadores domésticos os direitos previstos nos incisos IV, VI, VII, VIII, X, XIII, XV, XVI, XVII, XVIII, XIX, XXI, XXII, XXIV, XXVI, XXX, XXXI e XXXIII e, atendidas as condições estabelecidas em lei e observada a simplificação do cumprimento das obrigações tributárias, principais e acessórias, decorrentes da relação de trabalho e suas peculiaridades, os previstos nos incisos I, II, III, IX, XII, XXV e XXVIII, bem como a sua integração à previdência social."

Dessarte os direitos garantidos aos empregados domésticos com vigência imediata, constantes do parágrafo único, do artigo 7º da Constituição da República, são os seguintes:

a) salário mínimo, fixado em lei, nacionalmente unificado, capaz de atender a suas necessidades vitais básicas e às de sua família com moradia, alimentação, educação, saúde, lazer, vestuário, higiene, transporte e previdência social, com reajustes periódicos que lhe preservem o poder aquisitivo, sendo vedada sua vinculação para qualquer fim (inciso IV);

b) irredutibilidade do salário, salvo o disposto em convenção ou acordo coletivo (inciso VI);

c) garantia de salário, nunca inferior ao mínimo, para os que percebem remuneração variável (inciso VII);

d) 13º (décimo terceiro) salário com base na remuneração integral ou no valor da aposentadoria (inciso VIII);

e) proteção do salário na forma da lei, constituindo crime sua retenção dolosa (inciso X);

f) duração do trabalho normal não superior a 8 (oito) horas diárias e 44 (quarenta e quatro) horas semanais, facultada a compensação de horários e a redução da jornada, mediante acordo ou convenção coletiva de trabalho (inciso XIII);

g) repouso semanal remunerado, preferencialmente aos domingos (inciso XV);

h) remuneração do serviço extraordinário superior, no mínimo, em 50% (cinquenta por cento) à do normal (inciso XVI);

i) gozo de férias anuais remuneradas com, pelo menos, 1/3 (um terço) a mais do que o salário normal (inciso XVII);

j) licença à gestante, sem prejuízo de emprego e do salário, com a duração de 120 (cento e vinte) dias (inciso XVIII);

k) licença-paternidade (inciso XIX);

l) aviso-prévio proporcional ao tempo de serviço, sendo no mínimo de 30 (trinta) dias (inciso XXI);

m) redução dos riscos inerentes ao trabalho, por meio de normas de saúde, higiene e segurança; aposentadoria (inciso XXII);

n) reconhecimento das convenções e acordos coletivos de trabalho (inciso XXVI);

o) proibição de diferença de salários, de exercício de funções e de critério de admissão por motivo de sexo, idade, cor, ou estado civil (inciso XXX);

p) proibição de qualquer discriminação no tocante a salário e critérios de admissão do trabalhador portador de deficiência (inciso XXXI);

q) proibição de trabalho noturno, perigoso ou insalubre a menores de 18 (dezoito) anos (inciso XXXIII).

Passaremos à análise dos direitos supracitados.

## 3.1. SALÁRIO MÍNIMO

A Constituição de 1988, em seu artigo 7º, IV, preconiza, como direito dos empregados, o salário mínimo nacionalmente unificado, atualmente da ordem de R$ 724,00. Dessarte, com a promulgação da atual da Constituição, não existe mais o chamado salário mínimo regional.

No entanto, com espeque no artigo 22 da Carta Magna, foi editada a Lei Complementar n. 103/2000, autorizando os Estados e o Distrito Federal, por meio de proposta de iniciativa do Poder Executivo respectivo, a instituir piso salarial para os empregados.

No Estado do Rio de Janeiro, com a edição da Lei n. 6.072/14, o piso salarial do empregado doméstico, a partir de 1º.1.2014, passou a ser de R$ 874,75.

No Estado de São Paulo, com a edição da Lei n. 15.250/13, o piso salarial do empregado doméstico, a partir de 1º.1.2014, passou a ser da ordem de R$ 810,00.

Na jurisprudência e na doutrina, há entendimento, bastante significante, mormente em virtude da EC n. 72/2013, de que o empregado doméstico possa receber salário mínimo proporcional às horas laboradas, calculado à razão de 1/220 (um sobre duzentos e vinte) (§ 1º, art. 6º, Lei n. 8.542/92). Nesse sentido a jurisprudência abaixo transcrita:

"RECURSO DE REVISTA. EMPREGADO DOMÉSTICO. JORNADA REDUZIDA. SALÁRIO MÍNIMO PROPORCIONAL.

Com ressalva desta relatora, entende esta Corte Superior que o inciso IV do artigo 7º da CF deve ser interpretado em consonância com o inciso XIII do dispositivo, de modo que, se a jornada de trabalho contratada do empregado é inferior àquela constitucionalmente estipulada, o salário pode ser pago de forma proporcional ao número de horas trabalhadas em jornada reduzida, nos termos da OJ n. 358 da SBDI-1. Esse entendimento aplica-se inclusive à relação de trabalho doméstico anterior à Emenda Constitucional n. 72/2013, sob pena de deferir à categoria dos trabalhadores domésticos garantia maior que à conferida aos trabalhadores em geral, o que não se coaduna com o texto constitucional vigente na época. Precedentes.

Recurso de revista a que se nega provimento."

(Processo: RR n. 1226-30.2011.5.03.0104, Relatora Ministra: Kátia Magalhães Arruda, 6ª Turma, Data de Publicação: DEJT 14.6.2013).

## 3.2. IRREDUTIBILIDADE SALARIAL

A irredutibilidade salarial preconizada no inciso VI, do artigo 7º, da Carta Magna, trata-se de regra de proteção ao valor do salário, impedindo que o empregador o reduza. Logo a redução salarial unilateral é vedada, porém a CRFB/88 flexibilizou a regra da irredutibilidade salarial, prevendo a possibilidade de redução mediante convenção ou acordo coletivo de trabalho.

Essa vedação não é absoluta. A possibilidade de redução salarial via negociação coletiva passou a ser aplicável à categoria dos empregados domésticos, ante a inclusão do XXVI no rol constante do parágrafo único, do artigo 7º da CRFB/88.

## 3.3. GARANTIA DE SALÁRIO, NUNCA INFERIOR AO MÍNIMO, PARA OS QUE PERCEBEM REMUNERAÇÃO VARIÁVEL

Sobre o tema leciona Marcelo Moura:

> "Todos os empregados que recebem remuneração variável (pecistas, comissionistas ou tarefeiros), sem que o contrato preveja uma parcela fixa, terão sempre garantido o salário mínimo quando o resultado do trabalho do empregado não atingir este valor (neste sentido o artigo 7º, VII, da CF: 'garantia de salário, nunca inferior ao mínimo, para os que percebem remuneração variável')."

Consignamos que não vemos como tal previsão, inserida no rol de direitos trabalhistas dos empregados domésticos, pela EC n. 72/2013, possa ter aplicabilidade nos contratos de emprego doméstico.

## 3.4. DÉCIMO TERCEIRO SALÁRIO

A gratificação natalina, denominada de 13º (décimo terceiro) salário pela atual Carta Magna, foi instituída pela Lei n. 4.090/1962. Posteriormente, foi editada a Lei n. 4.749/1965, que alterou e acrescentou dispositivos à lei instituidora.

O 13º (décimo terceiro) do empregado doméstico será pago da mesma forma que a qualquer outro empregado.

De acordo com o artigo 2º da Lei n. 4.749/1965, a primeira parcela deverá ser paga entre os meses de fevereiro e novembro (até dia 30), já a segunda deverá ser paga até o dia 20 de dezembro. O empregador não está obrigado a pagar a 1ª parcela a todos os seus empregados no mesmo mês, em consonância com o § 1º do artigo 2º da Lei n. 4.749/65. Poderá, também, a primeira parcela ser paga na ocasião em que o empregado sair de férias, desde que este o requeira no mês de janeiro do correspondente ano (§ 2º do artigo 2º da Lei n. 4.749/65). Assim sendo, entendemos que se trata de uma faculdade outorgada ao empregado.

Segundo o artigo 1º, § 2º, da Lei n. 4.090/62, a fração igual ou superior a 15 (quinze) dias de trabalho será havida como mês integral para efeitos do cálculo da proporcionalidade desse direito.

Assim, o empregado doméstico que foi contratado em 14 julho de 2014, com salário de R$ 890,00 (oitocentos e noventa reais), no mês de dezembro, fará juz a R$ 445,00 (quatrocentos e quarenta e cinco reais) a título de 13º (décimo terceiro) salário, ou seja, 6/12 (seis doze avos) avos.

Em consonância com o entendimento uniforme da jurisprudência trabalhista, numa interpretação a *contrario sensu*, o empregado só não terá direito ao 13º (décimo terceiro) salário proporcional, quando for dispensado por justa causa (Súmula n. 157 do TST).

## 3.5. PROTEÇÃO DO SALÁRIO NA FORMA DA LEI, CONSTITUINDO CRIME SUA RETENÇÃO DOLOSA

Embora exista Projeto de Lei em tramitação no Congresso Nacional, o inciso X do artigo 7º da CRFB ainda não foi regulamentado. No entanto, Mauricio Godinho Delgado entende que:

> "não há porque considerar-se ineficaz tal preceito constitucional. É que o tipo penal da apropriação indébita (artigo 168, Código Penal) ajusta-se plenamente à hipótese (limitado, evidentemente, às situações de dolo), conferindo absoluta e cabal tipificação ao ilícito nos casos de retenção dolosa do salário-base incontroverso, por exemplo."

## 3.6. JORNADA DE 8 (OITO) HORAS E MÓDULO SEMANAL DE TRABALHO DE 44 (QUARENTA E QUATRO) HORAS

O instituto da jornada de trabalho pode ser conceituado, como o número de horas de trabalho que o empregado presta ao empregador por dia. A palavra jornada, etimologicamente, significa "dia", logo redundante falar "jornada diária" de trabalho. Como também não existe, tecnicamente, jornada semanal, quinzenal ou mensal, sugerimos o uso do vocábulo módulo: módulo semanal, módulo quinzenal etc.

O módulo mensal, para o empregado sujeito à jornada de 8 (oito) horas de trabalho, é de 220 (duzentas e vinte) horas (artigo 6º, § 1º, da Lei n. 8.542/92).

De acordo com o artigo 58 da CLT, "a duração normal do trabalho, para os empregados em qualquer atividade privada, não excederá de 8 (oito) horas, desde que não seja fixado expressamente outro limite".

À luz da Carta Magna (artigo 7º, XIII), a jornada de trabalho terá duração de 8 (oito) horas e o módulo semanal de 44 (quarenta e quatro) horas. No entanto, oportuno registrar que o constituinte permitiu a flexibilização de tal jornada, uma vez que admitiu a sua compensação por meio de acordo ou convenção coletiva de trabalho.

A flexibilização permitida pela Carta Magna, no artigo 7º, incisos VI, XIII e XIV, exige a participação do sindicato representante da categoria profissional.

## 3.7. REPOUSO SEMANAL REMUNERADO

O repouso semanal é o período de descanso a que tem direito o empregado, após um determinado número de dias ou horas de trabalho por semana, com o fim de proporcionar-lhe um descanso higiênico, social e recreativo.

Esse repouso foi instituído pela Lei n. 605/49, que excluía expressamente da sua abrangência o empregado doméstico (artigo 5º, alínea *a*). Assim, essa categoria profissional somente passou a contar com este direito a partir da Constituição de 1988, por força do artigo 7º, inciso XV, c/c o parágrafo único.

A remuneração do repouso semanal constitui direito condicionado, pois depende da assiduidade e da pontualidade do trabalhador, durante a semana que o precede. Dessarte, se trabalhador faltou ou atrasou-se, injustificadamente, durante a semana, poderá vir a perder a remuneração do repouso. Entretanto, se o empregador aceitou a justificativa do empregado, ou se tratou de ausência/atraso previstos pela legislação, e não se efetuou o desconto do dia ou do período de atraso, não há que se falar em perda da remuneração do repouso semanal.

O repouso semanal será concedido preferencialmente aos domingos, conforme determina a Constituição, logo poderá ser concedido em outro dia da semana.

Se o empregado doméstico trabalhar no domingo e não contar com o descanso em outro dia, fará jus ao recebimento em dobro do domingo laborado, conforme entendimento jurisprudencial. *Verbis*:

> "EMENTA: EMPREGADO DOMÉSTICO. FERIADOS LABORADOS.
>
> A Lei n. 11.324/06, por meio do seu artigo 9º, revogou expressamente a alínea a do art. 5º da Lei n. 605/49. Assim, a partir de 20.7.2006, data em que entrou em vigor a mencionada Lei, o empregado doméstico passou a ter direito ao descanso em feriados civis e religiosos, bem como a remuneração em dobro destes dias, quando houver trabalho sem a respectiva folga compensatória."
>
> (TRT-3ª Região, RO 0000804-92.2011.5.03.0027, Ac. 5ª T, j. 18.4.1995, Rel. Juiz Convocado Jessé Claudio Franco de Alencar, DEJT de 22.6.2012)

## 3.8. HORAS EXTRAORDINÁRIAS

Horas extraordinárias ou suplementares são aquelas laboradas após o término da jornada normal de trabalho, fixada no contrato de emprego, na convenção coletiva, no acordo coletivo ou na lei.

As horas extraordinárias, no direito pátrio, podem resultar de acordo de prorrogação de jornada (artigo 59, CLT) ou de acordo de compensação de jornada (artigo 59, § 2º, da CLT).

O adicional mínimo de 50% (cinquenta por cento) sobre a hora extraordinária, previsto no artigo 7º, inciso XVI, da CRFB/88, é devido em todas as hipóteses de prorrogação de jornada, exceto na existência de compensação de jornada.

As horas extras prestadas com habitualidade integram o cálculo da remuneração das férias (artigo 142, § 5º, da CLT); do repouso semanal remunerado (Súmula n. 172, TST); 13º (décimo terceiro) salário (Súmula n. 45, TST), aviso-prévio indenizado (artigo 487, § 5º, CLT) e dos recolhimentos previdenciários.

As horas extras, independentemente de serem habituais ou eventuais, vão repercutir no recolhimento do FGTS (Súmula n. 63, TST).

O TST, por meio da Súmula n. 291, entende que a supressão do labor extraordinário cria para o empregador a obrigação de indenizar o empregado pelo tempo em que laborou em regime de sobrejornada, *verbis*:

> "A supressão, pelo empregador, do serviço suplementar prestado com habitualidade, durante pelo menos 1 (um) ano, assegura ao empregado o direito à indenização correspondente ao valor de 1 (um) mês das horas suprimidas para cada ano ou fração igual ou superior a 6 (seis) meses de prestação de serviço acima da jornada normal. O cálculo observará a média das horas suplementares efetivamente trabalhadas nos últimos 12 (doze) meses, multiplicada pelo valor da hora extra do dia da supressão."

## 3.9. FÉRIAS

Prescreve o artigo 3º da Lei n. 5.859/72, que

> "O empregado doméstico terá direito a férias anuais de 30 (trinta) dias com, pelo menos, 1/3 (um terço) a mais que o salário normal, após cada período de 12 (doze) meses de trabalho, prestado à mesma pessoa ou família."

Antes mesmo da Emenda Constitucional n. 72/2013, já havia o entendimento, na doutrina e na jurisprudência, de ser aplicável ao doméstico o capítulo da CLT referente às férias, inteligência do Decreto n. 71.885/73.

Pelo fio do exposto, entendemos, com apoio na jurisprudência mais recente, que o doméstico tem direito ao recebimento de férias proporcionais (exceto na hipótese de justa causa), de férias em dobro (nas casos previstos nos artigos 137 e 145 da CLT), de transformar 1/3 (um terço) das férias em abono pecuniário (artigo 143 da CLT). A ementa abaixo reforça a tese *supra*, *in verbis*:

> "EMENTA: EMPREGADA DOMÉSTICA — FÉRIAS — DOBRA.
>
> A Constituição Federal, ao conferir ao trabalhador doméstico o direito às férias, não fez qualquer restrição quanto à aplicação da CLT, de forma que prevaleçam as disposições contidas no Decreto n. 71.885/73, que regulamenta a Lei n. 5.859/72, e que, em seu artigo 2º, dispõe, de forma expressa, que 'Excetuado o Capítulo referente a férias, não se aplicam aos empregados domésticos as demais disposições da Consolidação das Leis do Trabalho.'"
>
> (3ª R., 2ª T., Processo n. 01252-2011-086-03-00-7-RO, Relator Desembargador Paulo Roberto Castro, DEJT 25.9.2012).

## 3.10. LICENÇA-MATERNIDADE E ESTABILIDADE DA GESTANTE

Prescreve o inciso XVIII, do artigo 7º da Constituição da República, que as empregadas têm direito à licença-maternidade de 120 (cento e vinte) dias, sem prejuízo do emprego e do salário.

A empregada doméstica conta com esse direito, pois está previsto no artigo 7º, parágrafo único, da Constituição da República.

Quem pagará o auxílio-maternidade à empregada doméstica é a Previdência Social, logo, durante os 120 (cento e vinte) dias, a doméstica tem o direito de ficar sem laborar, para se dedicar ao rebento. O valor do salário-maternidade devido pela Previdência Social ao empregado doméstico será o equivalente a um salário de contribuição (artigo 73, inciso I, da Lei n. 8.213/91).

Para evitar que a Previdência conceda licença-maternidade em duplicidade, ou seja, para os 2 (dois) membros adotantes (casal homoafetivo), o artigo 71-A, *caput*, e § 2º, da Lei n. 8.213/91, preconiza que:

> "Artigo 71-A. Ao segurado ou segurada da Previdência Social que adotar ou obtiver guarda judicial para fins de adoção de criança é devido salário-maternidade pelo período de 120 (cento e vinte) dias.
>
> § 2º Ressalvado o pagamento do salário-maternidade à mãe biológica e o disposto no artigo 71-B, não poderá ser concedido o benefício a mais de um segurado, decorrente do mesmo processo de adoção ou guarda, ainda que os cônjuges ou companheiros estejam submetidos a Regime Próprio de Previdência Social."

As empregadas domésticas têm direito à estabilidade, desde a confirmação da gravidez até 5 (cinco) meses após o parto, ainda que a gravidez ocorra no período de vigência de contrato de experiência (Súmula n. 244, item III, do TST) ou no aviso-prévio.

## 3.11. LICENÇA-PATERNIDADE

O empregado doméstico faz jus à licença-paternidade, de acordo com o artigo 7º, inciso XIX, da Constituição da República.

A licença-paternidade foi instituída, inicialmente, com o desiderato precípuo de que o pai pudesse proceder ao registro do filho, por isso era de apenas 1 (um) dia.

Atualmente, esse prazo foi ampliado para 5 (cinco) dias, pois a presença do pai, mormente nos primeiros dias, é fundamental, segundo observação feita pela Sociologia Jurídica. Durante o período dessa licença, não pode haver desconto no salário.

Entendemos que a licença-paternidade também é devida ao pai adotante, casado ou solteiro, porquanto tanto o pai quanto à mãe podem exercer o poder familiar, que veio substituir o pátrio poder.

Registramos que a legislação trabalhista já promoveu, quanto à licença-maternidade, ampla equiparação entre a mãe biológica, a adotiva e o empregado adotante, mas falta fazê-la com relação à licença-paternidade. Enquanto não ocorrer a equiparação formal, cabe ao intérprete realizá-la.

## 3.12. AVISO-PRÉVIO

Antes da Constituição de 1988, o empregado doméstico não tinha direito ao aviso-prévio. Atualmente, pode-se afirmar que o empregado doméstico tem direito ao aviso-prévio de, no mínimo, trinta dias.

A Constituição da República de 1988 fixou, no artigo 7º, inciso XXI, o aviso-prévio proporcional, ao tempo de serviço, sendo no mínimo de 30 (trinta) dias, nos termos da lei.

Com a edição da Lei n. 12.506, de 13 de outubro de 2011, o aviso--prévio passou a ter uma variação de 30 (trinta) a 90 (noventa) dias, conforme o tempo de serviço prestado ao mesmo empregador. Dessa forma, todos os empregados terão, no mínimo, 30 (trinta) dias durante o primeiro ano de trabalho, somando a cada ano completo 3 (três) dias. Nesse sentido a Nota Técnica n. 184/2012/CGRT/SRT/MTE.

Dessarte, apresentamos a seguinte tabela para o cálculo da duração do aviso-prévio:

| Tempo de Serviço (anos completos) | Aviso-Prévio Proporcional ao Tempo de Serviços (número de dias) |
|---|---|
| 0 | 30 |
| 1 | 33 |
| 2 | 36 |
| 3 | 39 |
| 4 | 42 |
| 5 | 45 |
| 6 | 48 |
| 7 | 51 |
| 8 | 54 |
| 9 | 57 |
| 10 | 60 |
| 11 | 63 |
| 12 | 66 |
| 13 | 69 |
| 14 | 72 |
| 15 | 75 |
| 16 | 78 |
| 17 | 81 |
| 18 | 84 |
| 19 | 87 |
| 20 | 0 |

Importante consignar que o aviso-prévio proporcional ao tempo de serviço não será aplicado quando a iniciativa do término do contrato de emprego for do empregado, isto é, no caso de pedido de demissão. A aplicação da proporcionalidade do aviso-prévio é em prol exclusivamente do trabalhador, inclusive o doméstico.

Urge registrar que, caso o empregado cometa uma justa causa, não há que se falar em concessão de aviso-prévio, pois, quando ocorre a justa causa, o empregador tem de agir com *imediatidade* na punição, sob pena de ficar caracterizado o perdão tácito. Abaixo, registraremos uma ementa neste sentido. *Verbis*:

"JUSTA CAUSA — PERDÃO TÁCITO — PRINCÍPIO DA IMEDIATIDADE.

Configura-se a hipótese de perdão tácito, que decorre da ausência de imediatidade entre o ato faltoso e a pena, se o empregador toma conhecimento da prática de falta grave pelo empregado e, ainda assim, o mantém no serviço, vindo a despedi-lo motivadamente após haver decorrido mais de 5 (cinco) meses da falta imputada, sem justificativa plausível. Recurso improvido."

Acórdão TRT 3ª T RO 2184/1998 — Relator: Juiz Walmir Oliveira da Costa.

"JUSTA CAUSA — IMEDIATIDADE

A justa causa aplicada ao reclamante, somente no dia 20.11.2000 se fez de forma intempestiva, pois não respeitou o requisito da imediatidade, o qual deve ser considerado caso a caso, mas está cabalmente comprovado nos autos que assim que o reclamado tomou conhecimento dos acontecimentos preferiu suspender o reclamante do que demiti-lo por justa causa, assim, prevalece a menor pena e, por consequência não há que se falar em dispensa do reclamante por justa causa. Recurso provido, parcialmente."

(Acórdão TRT/3ª T./RO 5.041/2001 — Relator: Juiz Convocado Walter Roberto Paro)

Em caso de *culpa recíproca,* na rescisão, é devido o valor equivalente à metade do aviso-prévio (Súmula n. 14 do TST).

Importante consignar que o aviso-prévio é um *direito irrenunciável pelo empregado, conforme a* Súmula n. 276 do TST.

O aviso-prévio indenizado tem os mesmos efeitos do aviso-prévio trabalhado, conforme preconiza a Orientação Jurisprudencial n. 82 da SDI/TST.

**O que acontecerá se um dos atores do contrato de emprego não conceder o aviso-prévio ao outro?**

Caso o empregador doméstico deixe de conceder o aviso-prévio, terá que pagar ao empregado doméstico o valor correspondente ao período do aviso-prévio, que, conforme acima mencionado, pode variar de 30 (trinta) a 90 (noventa) dias. Importante registrar que esse prazo integrará o contrato de trabalho para todos os efeitos, isto é, será mais um 1/12 (um doze avos) de férias, de 13º (décimo terceiro) salário etc.

Agora, sendo o empregado o infrator, ou seja, não concedendo ao empregador doméstico o aviso-prévio, este poderá reter o valor de 1 (um) salário do empregado, no momento de pagar as verbas trabalhistas.

Registramos que a parte que concedeu o aviso-prévio à outra pode, no prazo do aviso, reconsiderar o seu ato, mas cabe agora à outra parte, ou seja, a que foi avisada aceitar ou não a reconsideração. Caso seja aceita a reconsideração, é como se o aviso não tivesse existido.

Além dos acima mencionados, o empregado doméstico faz jus a direitos previstos em normas infraconstitucionais, tais quais: anotação da CTPS e vale-transporte.

## 3.13. VALE-TRANSPORTE

No que se refere ao vale-transporte, o artigo 1º do Decreto n. 95.247, no inciso II, estabelece que os empregados domésticos têm o direito ao vale-transporte.

O vale-transporte será fornecido em vale e não em dinheiro, uma vez que o Decreto citado acima veda tal situação.

O empregador doméstico poderá descontar do empregado até 6% (seis por cento) do salário, em virtude da concessão do vale-transporte. Necessário registrar que o valor excedente a 6% (seis por cento) ficará a cargo do empregador, conforme disciplina a Lei n. 7.418/85, artigo 4º, parágrafo único.

O vale-transporte é um benefício que o empregador antecipará ao empregado para utilização efetiva em despesas de deslocamento residência-trabalho e vice-versa.

## 3. 14. FERIADOS

Os empregados domésticos têm direito ao repouso nos feriados civis e religiosos, porquanto a alínea "a", do artigo 5º da Lei n. 605/49, foi expressamente revogada pela Lei n. 11.234/2006, que não concedia tal direito à mencionada categoria.

## 3.15. INTERVALOS INTRAJORNADA E INTERJORNADA

Intervalo interjornada é a pausa concedida ao empregado entre o final de uma jornada de trabalho e o início de nova jornada, para descanso do trabalhador.

O artigo 66 da CLT, assegura um intervalo interjornada de, no mínimo, 11 (onze) horas consecutivas.

Intervalo intrajornada são as pausas que ocorrem dentro da jornada de trabalho, objetivando o repouso e a alimentação do obreiro. Os intervalos para repouso e alimentação, previstos na CLT, são os seguintes:

a) quando a jornada exceder de 6 (seis) horas, torna-se obrigatória a concessão de um intervalo para repouso e alimentação de, no mínimo, 1 (uma) hora e, salvo acordo ou convenção coletiva de trabalho, não poderá exceder de 2 (duas) horas (CLT, artigo 71);

b) quando a jornada exceder de 4 (quatro) horas, mas não ultrapassar 6 (seis) horas, o intervalo intrajornada será de 15 (quinze) minutos (CLT, artigo 71, § 1º).

Os intervalos de descanso, salvo previsão legal expressa, não são computados na jornada de trabalho.

Por analogia, os descansos acima mencionados, enquanto não houver regulamentação específica, devem ser aplicados aos empregados domésticos.

Vale lembrar que, embora as normas de descanso não estejam previstas na Constituição, o inciso XXII, do artigo 7º, garante, de forma imediata, ao trabalhador doméstico o acesso às normas de segurança e saúde no trabalho, como é o caso das normas que preveem o intervalo.

Até que haja lei específica, como o descanso intrajornada visa à proteção da saúde do trabalhador, não podendo ser objeto de livre disposição, ou seja, mesmo que o trabalhador deseje suprimir o descanso, é dever do empregador concedê-lo e, se porventura não o fizer, correrá o risco de, no futuro, ser acionado judicialmente e obrigado a pagar o período como se fosse hora extra (artigo 71, § 4º, CLT).

## 3.16. ANOTAÇÃO NA CTPS

Com a publicação da Lei n. 12.964/2014, houve a inclusão do artigo 6º-E na Lei n. 5.859/1972, fixando o prazo de 120 (cento e vinte) dias para o registro dos empregados domésticos, a partir da data de publicação da lei no *Diário Oficial da União*, que se deu em 9.4.2014, *verbis*:

"Artigo 6º-E. As multas e os valores fixados para as infrações previstas na Consolidação das Leis do Trabalho — CLT, aprovada pelo Decreto-Lei

n. 5.452, de 1º de maio de 1943, aplicam-se, no que couber, às infrações ao disposto nesta Lei.

§ 1º A gravidade será aferida considerando-se o tempo de serviço do empregado, a idade, o número de empregados e o tipo da infração.

§ 2º A multa pela falta de anotação da data de admissão e da remuneração do empregado doméstico na Carteira de Trabalho e Previdência Social será elevada em pelo menos 100% (cem por cento).

§ 3º O percentual de elevação da multa de que trata o § 2º deste artigo poderá ser reduzido se o tempo de serviço for reconhecido voluntariamente pelo empregador, com a efetivação das anotações pertinentes e o recolhimento das contribuições previdenciárias devidas."

Dessarte, o empregador que não anotar a CTPS dos seus empregados estará sujeito ao pagamento da multa em dobro. Este valor poderá ser reduzido, desde que o empregador doméstico, voluntariamente, reconheça o tempo de serviço de seus empregados, efetivando as anotações pertinentes, bem como efetuando o recolhimento das contribuições previdenciárias devidas de todo o período laborado.

## 3.17. DIREITOS QUE DEPENDEM DE REGULAMENTAÇÃO LEGAL

Os direitos arrolados abaixo ainda dependem de regulamentação:

a) relação de emprego protegida contra despedida arbitrária ou sem justa causa;

b) seguro-desemprego, em caso de desemprego involuntário;

c) Fundo de Garantia do Tempo de Serviço (FGTS);

d) remuneração do trabalho noturno superior à do diurno;

e) salário-família pago em razão do dependente do trabalhador de baixa renda;

f) assistência gratuita aos filhos e dependentes desde o nascimento até 5 (cinco) anos de idade em creches e pré-escolas;

g) seguro contra acidentes de trabalho, a cargo do empregador, sem excluir a indenização a que este está obrigado, quando incorrer em dolo ou culpa.

# Capítulo 4

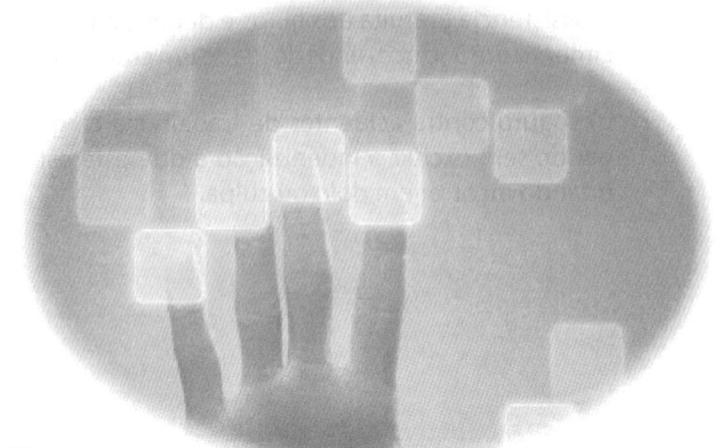

## Direitos não Estendidos ao Doméstico

A Lei n. 5.859/72, em sua redação original, garantia aos empregados domésticos poucos direitos trabalhistas, se fizermos uma comparação com os direitos assegurados aos empregados regidos pela CLT.

A CRFB/88 representou um avanço para a categoria dos domésticos, estendendo-lhes alguns direitos garantidos aos trabalhadores urbanos e rurais, como se observa do artigo 7º, parágrafo único.

A Lei n. 11.324/2006 assegurou aos domésticos o direito à estabilidade à gestante; a férias de 30 (trinta) dias; e proibiu o empregador de descontar, no salário do doméstico, algumas utilidades (alimentação, vestuário, produtos de higiene e, como regra, a moradia). Poderão ser descontadas as despesas com moradia, quando se referir a local diverso da residência em que ocorrer a prestação de serviço, e desde que essa possibilidade tenha sido, expressamente, acordada entre as partes (artigo 2º-A, § 1º, da Lei n. 5.859/72). Pelo fio do exposto, chega-se à ilação de que a referida lei alterou o texto da Lei n. 5.859/72.

A grande conquista veio com a Emenda Constitucional n. 72/2013, promulgada em 2.4.2013, que ampliou significativamente os direitos trabalhistas dos domésticos, ao alterar o parágrafo único do artigo 7º da CRFB/88. Remetemos o leitor para o capítulo específico deste livro, no qual estão arrolados os referidos direitos.

Feito o registro cronológico acima, comentaremos agora os direitos trabalhistas não garantidos aos empregados domésticos à luz do ordenamento jurídico pátrio.

## 4.1. MULTA PREVISTA NO ARTIGO 477, § 8º, DA CLT

A Consolidação das Leis Trabalhistas (CLT), em seu artigo 477, § 6º, registra o prazo para o empregador pagar as verbas rescisórias ao empregado. O referido prazo varia de acordo com a modalidade de aviso-prévio.

Sendo o aviso-prévio trabalhado, as verbas deverão ser quitadas até o 1º (primeiro) dia útil seguinte ao término do aviso-prévio. Quando o aviso-prévio é indenizado, as verbas devem ser pagas no prazo de 10 (dez) dias contados da concessão do aviso. Observe que o legislador não fez menção a dia útil, nesta última hipótese.

No que tange ao prazo para pagamento das verbas resilitórias, quando o aviso-prévio é indenizado, há celeuma na doutrina, uma vez que o legislador, no artigo 477, § 6º, *b*, da CLT, não usou a expressão "dia útil", como já informado acima. Assim, se o último dia do prazo do aviso-prévio indenizado, ou seja, o 10º (décimo) dia, coincidir com um domingo ou feriado, há 2 (duas) correntes doutrinárias.

Uma defende a tese de que o prazo será encurtado, vencendo-se antecipadamente no último dia útil do decêndio (entendemos ser esta a mais segura para o empregador).

Outra defende que, embora o legislador não tenha, no caso do aviso-prévio indenizado, usado a expressão dia útil, se o 10º (décimo) dia coincidir com feriado ou domingo, o empregador poderá pagar as verbas resilitórias no 1º (primeiro) dia útil seguinte.

Caso o prazo acima não seja respeitado, a sanção está prevista no artigo 477, § 8º, da CLT, qual seja: o empregador tem de pagar ao empregado uma multa correspondente ao valor de 1 (um) salário.

O empregador doméstico não fica sujeito a essa sanção, uma vez que não se aplica a CLT ao doméstico, conforme determina o artigo 7º, "*a*", da CLT. Aqui há de ser lembrada uma regra de hermenêutica: as sanções devem ser interpretadas de forma restrita.

A boa doutrina da professora e desembargadora do TRT da 1ª Região, Vólia Bomfim Cassar, é nesse sentido, *in verbis*:

> "Assim, não foram estendidos ao doméstico, por exemplo: a multa prevista no artigo 477, § 8º, da CLT, por se tratar de penalidade." (...)

A jurisprudência predominante nega a multa do artigo 477, § 8º, da CLT, ao doméstico, conforme ementas abaixo, respectivamente, do TRT da 19ª Região e da 4ª Região, *verbis*:

> "[...] 2. MULTA DO ARTIGO 477, § 8º, DA CLT. DOMÉSTICA. INDEVIDA.
>
> A lei ainda não equiparou o empregado doméstico ao empregado comum, para fins de aplicação das normas celetistas. Dessarte, não detém aquele empregado, mesmo na vigência da atual Carta Magna, direito à multa do artigo 477 da CLT."
>
> (Recurso Ordinário (Sumaríssimo) n. 00523.2009.009.19.00-6, TRT da 19ª Região/AL, Rel. Antônio Catão. j. 14.7.2009, unânime, DJe 23.7.2009).

"MULTA DO ARTIGO 477, § 8º, DA CLT.

Indevida ao empregado doméstico a multa de mora pelo pagamento em atraso das verbas decorrentes da extinção do contrato de trabalho. Inteligência do disposto no artigo 7º, 'a', da CLT."

(RO n. 0000039-96.2011.5.04.0382, 2ª Turma do TRT da 4ª Região/RS, Rel. Alexandre Corrêa da Cruz. j. 25.8.2011, unânime).

A inaplicabilidade do artigo 477, § 8º, da CLT, é o entendimento predominante nas Turmas do Colendo Tribunal Superior do Trabalho, *in verbis*:

"RECURSO DE REVISTA. (...). EMPREGADO DOMÉSTICO. INAPLICABILIDADE DA MULTA DO ARTIGO 477 DA CLT.

O disposto no artigo 7º, *a*, da Consolidação das Leis do Trabalho afasta a aplicação dos seus preceitos aos empregados domésticos, estando ele sujeito ao regime jurídico disciplinado pela Lei n. 5.859/72 e ao que estabelece o parágrafo único do artigo 7º da Constituição Federal, além de escassos benefícios previstos em legislação esparsa, não se inserindo dentre tais direitos a multa prevista no artigo 477, § 8º, da CLT.

Recurso de revista conhecido e provido. (...)"

(TST-RR-2224300-47.2004.5.09.0016, Relator Ministro Aloysio Corrêa da Veiga, 6ª Turma, DEJT 16.4.2010)

"MULTA DO ARTIGO 477 DA CONSOLIDAÇÃO DAS LEIS DO TRABALHO EMPREGADA DOMÉSTICA.

Nos termos do artigo 7º, 'a', do Texto Consolidado, os preceitos constantes da CLT não se aplicam aos empregados domésticos, exceto com relação às férias. Já as garantias insculpidas no artigo 7º, parágrafo único, da Constituição Federal não estão relacionadas, dentre elas, a multa do artigo 477 da CLT a empregada doméstica.

Recurso de revista conhecido e provido."

(Processo TST-RR-1373/2003-023-03-00, Relator Ministro Renato de Lacerda Paiva, DJ 19.12.2008).

No Tribunal Regional da 1ª Região (Rio de Janeiro), prevalece também o entendimento de ser inaplicável o artigo em tela ao doméstico, como se depreende das ementas seguintes, entre as quais a primeira, de relatoria do desembargador Roque Lucarelli Dattoli, chega a ser peremptória:

> "Ninguém ignora que não se aplica o comando inscrito no artigo 477 da CLT aos contratos de trabalho doméstico — artigo 7º, alínea 'a', da CLT."
>
> (Des. Roque Lucarelli Dattoli. 8ª Turma do TRT da 1ª Região. Publicação: 26.8.2013. Proc.: 00536005020065010008)

> "MULTA DO ARTIGO 477 DA CLT. EMPREGADO DOMÉSTICO. INAPLICABILIDADE.
>
> Reconhecida a condição de empregada doméstica da autora, é inaplicável ao caso a multa prevista no artigo 477, § 8º, da CLT, uma vez que se trata de direito não previsto no artigo 7º, alínea 'a', da CLT, na Lei n. 5.859/72, e no artigo 7º, parágrafo único, da Constituição Federal."
>
> (Juiz do Trabalho Convocado: Monica Batista Vieira Puglia. 000210956 20125010246. 4ª Turma. TRT da 1ª Região. Publicação: 13.9.2013)

Divergindo do entendimento acima, constante das ementas exaradas pela 8ª e pela 4ª Turma, do Egrégio Tribunal Regional do Trabalho do Rio de Janeiro, está a ementa abaixo, da lavra da 10ª Turma do mesmo Regional, *verbis:*

> "EMPREGADO DOMÉSTICO. MULTA DO ARTIGO 477 DA CLT. APLICAÇÃO. POSSIBILIDADE.
>
> Se a Lei Maior assegurou ao empregado doméstico uma série de direitos trabalhistas, por certo devem ser aplicados ao empregador os dispositivos infraconstitucionais disciplinadores de pagamento, prazo e multas referentes às respectivas obrigações legais, sob pena de se deixar, exclusivamente, ao talante do devedor o tempo e a forma de adimplemento da obrigação.

Apelo patronal improvido."

(Proc.: 00015956220125010001. Des.: Rosana Salim Villela Travesedo. 10ª Turma. TRT da 1ª Região. Publicação: 11.6.2014)

## 4.2. SUCESSÃO DE EMPREGADORES

Os artigos 10 e 448 da CLT, preveem o instituto jurídico denominado sucessão de empregadores, *verbis:*

"Artigo 10. Qualquer alteração na estrutura jurídica da empresa não afetará os direitos adquiridos por seus empregados."

"Artigo 448. A mudança na propriedade ou na estrutura jurídica da empresa não afetará os contratos de trabalho dos respectivos empregados."

Como o empregador doméstico só poder ser a pessoa física, facilmente, constata-se que os dispositivos acima não podem ser invocados, quando se trata de empregador doméstico, pois só aplicáveis às empresas.

## 4.3. ADICIONAL DE INSALUBRIDADE

Em consonância com o artigo 189 da CLT,

"São consideradas atividades ou operações insalubres aquelas que, por sua natureza, condições ou métodos de trabalho, exponham os empregados a agentes nocivos à saúde, acima dos limites de tolerância fixados em razão da natureza e da intensidade do agente e do tempo de exposição a seus efeitos."

Cabe destacar que somente os agentes incluídos na listagem do Ministério do Trabalho como insalubres acarretam para o empregado o direito ao recebimento do adicional de insalubridade. Não basta ser o agente nocivo à saúde do trabalhador, é fundamental a sua inclusão na relação do Ministério do Trabalho. Assim preconizam o artigo 196 da CLT, e a Súmula n. 448, item I, do TST, *in verbis*:

> "Artigo 196. Os efeitos pecuniários decorrentes do trabalho em condições de insalubridade ou periculosidade serão devidos a contar da data da inclusão da respectiva atividade nos quadros aprovados pelo Ministro do Trabalho, respeitadas as normas do artigo 11."

> "SÚMULA N. 448. ATIVIDADE INSALUBRE. CARACTERIZAÇÃO. PREVISÃO NA NORMA REGULAMENTADORA N. 15 DA PORTARIA DO MINISTÉRIO DO TRABALHO N. 3.214/78. INSTALAÇÕES SANITÁRIAS. (conversão da Orientação Jurisprudencial n. 4 da SBDI-1 com nova redação do item II) — Res. n. 194/2014, DEJT divulgado em 21, 22 e 23.5.2014.
>
> I — Não basta a constatação da insalubridade por meio de laudo pericial para que o empregado tenha direito ao respectivo adicional, sendo necessária a classificação da atividade insalubre na relação oficial elaborada pelo Ministério do Trabalho.
>
> II — A higienização de instalações sanitárias de uso público ou coletivo de grande circulação, e a respectiva coleta de lixo, por não se equiparar à limpeza em residências e escritórios, enseja o pagamento de adicional de insalubridade em grau máximo, incidindo o disposto no Anexo 14 da NR-15 da Portaria do MTE n. 3.214/78 quanto à coleta e industrialização de lixo urbano."

Na hipótese de um empregado de determinado condomínio residencial ou de escritório, colocar, diariamente, o saco de lixo, já lacrado e utilizando luvas, à disposição do órgão responsável pela coleta, não fará jus ao recebimento do adicional de insalubridade, porquanto não houve a exposição do trabalhador a agentes nocivos à saúde (Súmula n. 448, item II, do TST, a *contrario sensu*). Verbis:

> "II — A higienização de instalações sanitárias de uso público ou coletivo de grande circulação, e a respectiva coleta de lixo, por não se equiparar à limpeza em residências e escritórios, enseja o pagamento de adicional de insalubridade em grau máximo, incidindo o disposto no Anexo 14 da NR-15 da Portaria do MTE n. 3.214/78 quanto à coleta e industrialização de lixo urbano."

O exercício do trabalho em condições insalubres, acima dos limites de tolerância estabelecidos no quadro do Ministério do Trabalho e Emprego, assegura ao trabalhador o direito ao adicional de insalubridade, que será de: 40% (quarenta por cento) grau máximo; 20% (vinte por cento) grau médio; 10% (dez por cento) grau mínimo, conforme preconiza o artigo 192 da CLT.

Feitas as explicações acima, de cunho didático e informativo, consignamos que o empregado doméstico não tem direito ao adicional de insalubridade.

## 4.4. ADICIONAL DE PERICULOSIDADE

Preconiza o artigo 193 da CLT, que

"São consideradas atividades ou operações perigosas, na forma da regulamentação aprovada pelo Ministério do Trabalho, aquelas que, por sua natureza ou métodos de trabalho, impliquem o contato permanente com inflamáveis ou explosivos em condições de risco acentuado."

De acordo com a lição da professora Vólia Bomfim Cassar,

> "O adicional de periculosidade é devido ao empregado que trabalhe diretamente com inflamáveis, explosivos ou eletricidade e roubos ou outras espécies de violência física nas atividades profissionais de segurança pessoal ou patrimonial." (artigo 193 da CLT c/c OJs ns. 324 e 347 da SDI-I do TST)

Prescreve o artigo 200 da CLT, que cabe ao Ministério do Trabalho estabelecer disposições complementares às normas de que trata o Capítulo V, da CLT (Da Segurança e da Medicina do Trabalho), tendo em vista as peculiaridades de cada atividade ou setor de trabalho.

O adicional de periculosidade é de 30% (trinta por cento) sobre o salário-base do empregado, sem acréscimo de gratificações, prêmios ou participações nos lucros da empresa, consoante artigo 193, § 1º, da CLT, c/c Súmula n. 191, TST.

Quando a atividade do empregado for exercida em local insalubre e perigoso, não haverá acúmulo no pagamento dos adicionais, devendo o mesmo optar por um dos adicionais, à luz do artigo 193, § 2º, da CLT. Lamentável esse entendimento, pois injusto com o empregado que está exposto a condições "insalubres" e "periculosas", não havendo que se falar em *bis in idem*.

Registra a Súmula n. 39 do TST, que

> "Os empregados que operam em bomba de gasolina têm direito ao adicional de periculosidade."

Consigna-se que a caracterização e a classificação da insalubridade e da periculosidade serão feitas por perícia a cargo de Médico do Trabalho ou Engenheiro do Trabalho, registrados no MTb, de acordo com o artigo 195 da CLT. Nesse sentido, a OJ n. 165 da SDI-I do TST:

> "Perícia. Engenheiro ou médico. Adicional de insalubridade e periculosidade. Válido. O artigo 195 da CLT não faz qualquer distinção entre o médico e o engenheiro para efeito de caracterização e classificação da insalubridade e periculosidade, bastando para a elaboração do laudo seja o profissional devidamente qualificado."

Por não se aplicar a CLT ao doméstico (artigo 7º, "a", CLT), este não faz jus ao recebimento do adicional em tela.

## 4.5. ADICIONAL DE TRANSFERÊNCIA

A CLT prevê o adicional de transferência no artigo 469, § 3º, no valor de 25% (vinte e cinco por cento), havendo divergência quanto à incidência do referido adicional, se sobre o salário-base, se sobre todo o complexo salarial ou se sobre o salário contratual.

Como não se aplica a CLT ao doméstico (artigo 7º, "a", CLT), esta categoria profissional não conta com este direito.

## 4.6. EQUIPARAÇÃO SALARIAL

A equiparação salarial está prevista no artigo 461 da CLT,

"Sendo idêntica a função, a todo trabalho de igual valor, prestado a mesmo empregador, na mesma localidade, corresponderá igual salário, sem distinção de sexo, nacionalidade ou idade."

O empregado doméstico não possui direito à equiparação salarial por falta de previsão legal, isto é, tal direito está previsto na CLT, que não é aplicável ao doméstico, por força do artigo 7º, "a", da CLT.

Assim também posiciona-se a professora Vólia Bomfim Cassar, *ipsis litteris:*

> "Assim, não foram estendidos ao doméstico, por exemplo: a multa prevista no artigo 477, § 8º, da CLT, por setratar de penalidade; o instituto da sucessão de empresários (artigos 10 e 448 da CLT), porque só aplicáveis às empresas; o adicional de transferência (artigo 469 da CLT); a estabilidade do cipeiro e do acidentado (artigo 165 da CLT); artigo 10, II, *a*, do ADCT; (artigo 118 da Lei n. 8.213/91 etc.), a equiparação salarial (artigo 461 da CLT) etc. aplicação do artigo 7º, alínea a, da CLT."

## 4.7. MULTA PREVISTA NO ARTIGO 467 DA CLT

Prescreve o artigo 467 da CLT, que

"Em caso de rescisão de contrato de trabalho, havendo controvérsia sobre o montante das verbas rescisórias, o empregador é obrigado a pagar ao trabalhador, à data do comparecimento à Justiça do Trabalho, a parte incontroversa dessas verbas, sob pena de pagá-las acrescidas de 50% (cinquenta por cento)."

A Emenda Constitucional n. 72/2013 não revogou o artigo 7º, "a", da CLT, logo este diploma legal continua não sendo aplicável em sua totalidade, ao empregado doméstico.

Em decorrência disso, não se aplica o comando previsto no artigo 467 da CLT, aos litígios que tenham como parte o empregado doméstico. Nessa toada, as seguintes jurisprudências:

"RECURSO ORDINÁRIO. DOMÉSTICO.

O artigo 7º da CLT exclui os empregados domésticos da aplicação dos preceitos constantes da Consolidação, salvo quando expressamente determinado em contrário. Assim, não são devidas as multas previstas nos artigos 467 e 477 da CLT, postuladas pela reclamante."

(Juiz do Trabalho Convocado: Leonardo Pacheco. Proc.: 0001349182 0105010072. 5ª Turma do TRT da 1ª Região. Publicação: 14.4.2014)

"EMPREGADO DOMÉSTICO. MULTAS DOS ARTIGOS 467 E 477 DA CLT.

Os preceitos constantes da CLT não se aplicam aos empregados domésticos, exceto com relação às férias. Os direitos a eles conferidos estão expressamente elencados no parágrafo único do artigo 7º da Constituição da República e na Lei n. 5.859/72. E entre as garantias asseguradas às relações dessa natureza não se encontram as que se referem às multas dos artigos 467 e 477 da CLT."

(RO n. 1533001720095020056 (20110374821), 8ª Turma do TRT da 2ª Região/SP, Rel. Silvia Almeida Prado. unânime, DOe 1º.4.2011).

"RECURSO DE REVISTA — EMPREGADO DOMÉSTICO — INAPLICABILIDADE DAS MULTAS DOS ARTIGOS 467 E 477 DA CLT.

O disposto no artigo 7º, 'a', da Consolidação das Leis do Trabalho afasta a aplicação dos seus preceitos aos empregados domésticos, estando sujeitos ao regime jurídico disciplinado na Lei n. 5.859/72 e ao estabelecido no parágrafo único do artigo 7º da Constituição Federal, além de terem direito a escassos benefícios previstos em legislação esparsa, não se inserindo dentre tais direitos as multas previstas nos artigos 467 e 477, § 8º, da CLT.

Recurso de revista conhecido e desprovido. (...). Recurso de revista conhecido e provido."

(RR-2015800-10.2003.5.09.0016, Relator Ministro Luiz Philippe Vieira de Mello Filho, 1ª Turma, DEJT 10.9.2010)

Imprescindível, no entanto, registrar que há divergência neste particular, pois há jurisprudência sustentando a aplicabilidade do artigo 467 da CLT, às reclamações trabalhistas que tenham o empregado doméstico como parte.

"EMPREGADA DOMÉSTICA. VERBAS RESCISÓRIAS PAGAS FORA DO PRAZO. DEVIDAS AS MULTAS PREVISTAS NOS ARTIGOS 467 E 477 DA CLT.

Se o empregador tem prazo para quitar as verbas rescisórias do empregado e não o faz, ou pelo menos não comprova que o fez, mesmo se tratando de doméstico, as multas dos artigos 477 e 467 da CLT são devidas. Recurso provido, no particular."

(Proc.: 0000918-14.2010.5.06.0017 (RO). 2ª Turma. Relator: Juiz Federal do Trabalho Sérgio Murilo de Carvalho Lins. Procedência: 17ª Vara do Trabalho Do Recife — PE)

## 4.8. ASSISTÊNCIA NA RESCISÃO CONTRATUAL

Quando um empregado trabalha, há mais de 12 (doze) meses para o mesmo empregador, no momento da dispensa, necessária a assistência do sindicato ou da Delegacia Regional do Trabalho, conforme exigência feita pelo artigo 477, § 1º, da CLT, o que não ocorre quando se trata de empregado doméstico, pois não se lhe aplica a CLT, inteligência do artigo 7º, "a", da CLT.

## 4.9. ARTIGO 500 DA CLT

Em consonância com o artigo 500 da CLT,

"O pedido de demissão do empregado estável só será válido quando feito com a assistência do respectivo Sindicato e, se não o houver, perante autoridade local competente do Ministério do Trabalho e Previdência Social ou da Justiça do Trabalho."

O artigo supra não é utilizado para o empregado doméstico, pois não se lhe aplica a CLT, inteligência do artigo 7º, "a", da CLT.

## 4.10. PROGRAMA DE INTEGRAÇÃO SOCIAL (PIS)

O artigo 239, § 3º, da CRFB/88, disciplina que:

"Artigo 239. A arrecadação decorrente das contribuições para o Programa de Integração Social, criado pela Lei Complementar n. 7, de 7 de setembro de 1970, e para o Programa de Formação do Patrimônio do Servidor Público, criado pela Lei Complementar n. 8, de 3 de dezembro de 1970, passa, a partir da promulgação desta Constituição, a financiar, nos termos que a lei dispuser, o programa do seguro-desemprego e o abono de que trata o § 3º deste artigo. (Regulamento)

§ 3º Aos empregados que percebam de empregadores que contribuem para o Programa de Integração Social ou para o Programa de Formação do Patrimônio do Servidor Público, até 2 (dois) salários mínimos de remuneração mensal, é assegurado o pagamento de 1 (um) salário mínimo anual, computado neste valor o rendimento das contas individuais, no caso daqueles que já participavam dos referidos programas, até a data da promulgação desta Constituição."

A Lei n. 7.998/90, regulamentando o preceito constitucional acima transcrito, em seu artigo 9º, dispõe que:

"Artigo 9º É assegurado o recebimento de abono salarial no valor de 1 (um) salário mínimo vigente na data do respectivo pagamento, aos empregados que:

I — tenham percebido, de empregadores que contribuem para o Programa de Integração Social (PIS) ou para o Programa de Formação do Patrimônio do Servidor Público (Pasep), até 2 (dois) salários mínimos médios de remuneração mensal no período trabalhado e que tenham exercido atividade remunerada pelo menos durante 30 (trinta) dias no ano-base;

II — estejam cadastrados há pelo menos 5 (cinco) anos no Fundo de Participação PIS-Pasep ou no Cadastro Nacional do Trabalhador.

> Parágrafo único. No caso de beneficiários integrantes do Fundo de Participação PIS-Pasep, serão computados no valor do abono salarial os rendimentos proporcionados pelas respectivas contas individuais."

No entanto, mister gizar que os empregados domésticos não fazem jus ao abono, pois os empregadores domésticos não contribuem para o sistema, porquanto os contribuintes do PIS são as pessoas jurídicas de direito privado.

# Capítulo 5

# Empregado Doméstico e Assédio Moral

O assédio moral consiste em *qualquer conduta abusiva, materializada por gesto, palavra ou comportamento, que atente, por sua repetição, contra a dignidade ou contra a integridade psíquica ou física de uma pessoa.*

Nas relações de emprego, por não se encontrarem os personagens principais (empregado e empregador) em pé de igualdade, pelo contrário, existindo um que é o hipossuficiente, que tem de cumprir ordens, é comum que ocorra o assédio moral, que, por sua vez, conduz ao dever de reparar pelos danos morais causados.

Nas palavras do ministro do TST, Mauricio Godinho Delgado, dano moral:

> "é toda dor física ou psicológica injustamente provocada em uma pessoa humana."

O Ministro do TST, professor Alexandre Agra Belmonte, leciona que:

> "são danos morais as ofensas aos atributos físicos, valorativos e psíquicos ou intelectuais da pessoa, suscetíveis de gerar padecimentos sentimentais..."

É preciso, no entanto, registrar que o assédio moral pode ser realizado pelo próprio empregador, que se utiliza de sua posição de superioridade para constranger seus subalternos, o que é mais comum, mormente nas relações de emprego que envolvem o doméstico, bem como pelos próprios empregados entre si, com o desiderato de excluir alguém indesejado do grupo, seja por razões de competição ou de discriminação.

O assédio moral não é um fenômeno novo e possui, como principal implicação, a afetação da saúde mental e física da vítima, mais comumente acometida de doenças como depressão e estresse. Para a sua caracterização, exige-se, também, a reiteração da conduta ofensiva ou humilhante, haja vista que atos esporádicos não ensejam lesões psíquicas na vítima.

Como exemplos, podemos citar:

> a) excesso de cobrança e rigor desmedido no cumprimento das tarefas;
>
> b) extrapolar o empregador no seu poder diretivo, negligenciando na obrigação de dar tratamento adequado aos seus empregados;
>
> c) ausência de concessão do tempo para refeição e descanso;
>
> d) jornadas excessivas de trabalho e que extrapolam o limite de 2 (duas) horas diárias, isto é, procedimentos que atentam contra a dignidade da pessoa humana (artigo 1º, inciso III, da CRFB/88).

Nesta despretensiosa obra, iremos analisar o assédio moral sob 4 (quatro) viés:

a) atraso reiterado no pagamento de salário;

b) emprego de palavras, expressões que afetem a dignidade da pessoa;

c) falta de assinatura da CTPS — Carteira de Trabalho e Previdência Social;

d) registros indevidos na CTPS por parte do empregador.

## 5.1. ATRASO NO PAGAMENTO DE SALÁRIO

No que tange ao dano moral decorrente do atraso no pagamento do salário, a jurisprudência do Colendo Tribunal Superior do Trabalho exige que o atraso seja contumaz, isto é, habitual, costumeiro.

A repetida impontualidade do empregador, quanto ao pagamento do salário, acarreta muitos transtornos ao empregado, uma vez que este fica impossibilitado de saldar suas obrigações. Não se pode esquecer de que o salário possui natureza salarial.

Provando o empregado que teve o crédito suspenso no comércio, ou o nome inscrito em cadastros restritivos, ou que sofreu a suspensão de algum dos serviços considerados essenciais por lei, em decorrência do não recebimento do salário, ficará constatada a violação ao princípio da dignidade humana do trabalhador, sendo o direito à reparação dos danos morais a sua consequência.

Este é o entendimento do Tribunal Superior do Trabalho, *in verbis*:

"DANO MORAL. INDENIZAÇÃO. ATRASO CONTUMAZ NO PAGAMENTO DE SALÁRIOS.

A indenização por dano moral tem sido admitida não apenas em caso de ofensa à honra objetiva (que diz respeito à consideração perante terceiros), mas também de afronta à honra subjetiva (sentimento da própria dignidade moral), a qual se presume. Com efeito, o que se exige é a prova dos fatos que ensejam o pedido de indenização por danos morais e não a prova dos danos imateriais, esta, de resto, impossível. A jurisprudência dominante é a de que o atraso no pagamento de salários pode ensejar o dano moral quando demonstrada a inconveniência, o transtorno ou outro prejuízo decorrente desse atraso, e não pelo atraso, por si só. No entanto, o caso dos autos é de atraso constante no pagamento dos salários — sendo este procedimento reincidente ao longo dos anos — situação que, em sua gravidade, por qualquer ângulo que se avalie, mostra-se abusiva, excessiva, antijurídica. Demonstrados os fatos que ensejaram o pedido de indenização por danos morais, os efeitos da afronta sofrida na esfera subjetiva do empregado são flagrantes. Não é difícil presumir o abalo psíquico, a angústia e o constrangimento pelos quais passa um cidadão honesto num contexto tão draconiano como esse. Assim, ficando configurado o dano moral, é devido o pagamento da respectiva indenização.

Recurso de revista a que não se conhece."

(RR-7900-11.2009.5.09.0562, Rel. Min. Kátia Magalhães Arruda, 5ª Turma, DEJT 4.5.2012).

"RECURSO DE REVISTA. DANO MORAL. CONFIGURAÇÃO. ATRASO NO PAGAMENTO DOS SALÁRIOS. DANO *IN RE IPSA*. DIREITO FUNDAMENTAL DE ORDEM SOCIAL.

Imperativo reconhecer que a mora salarial gera *ipso facto* um dano também extrapatrimonial quando não se cuida, por exemplo, de verbas acessórias ou salário diferido, mas daquela parte nuclear do salário imprescindível para o empregado honrar suas obrigações mensais relativas às necessidades básicas com alimentação, moradia, higiene, transporte, educação e saúde. O inevitável constrangimento frente aos provedores de suas necessidades vitais configura um dano *in re ipsa,* mormente quando consignado que era reiterada a conduta patronal em atrasar o pagamento dos salários. A ordem constitucional instaurada em 1988 consagrou a dignidade da pessoa humana como princípio fundamental da República, contemplando suas diversas vertentes — pessoal, social, física, psíquica, profissional, cultural etc. —, e alçando também o patamar de direito fundamental às garantias inerentes a cada uma dessas esferas. Assim, o legislador constituinte cuidou de detalhar no artigo 5º, *caput* e incisos, aqueles mais ligados ao indivíduo, e nos artigos 6º a 11, os sociais, com ênfase nos direitos relativos à atividade laboral (artigos 7º a 11). Dessa forma, o exercício dessa dignidade está assegurado não só pelo direito à vida, como expressão da integridade física apenas. A garantia há de ser verificada nas vertentes concretas do seu exercício, como acima delineado, com atendimento das necessidades básicas indispensáveis à concretização de direitos à liberdade e a outros direitos sociais, todos eles alcançáveis por meio do trabalho. O direito fundamental ao trabalho (CF, artigo 6º, *caput*) importa direito a trabalho digno; cuja vulneração gera o direito, igualmente fundamental, à reparação de ordem moral correspondente (CF/88, artigo 5º, V e X). A exigência de comprovação de dano efetivo não se coaduna com a própria natureza do dano moral. Trata-se de lesão de ordem psíquica que prescinde de comprovação. A prova em tais casos está associada apenas à ocorrência de um fato (atraso nos salários) capaz de gerar, no trabalhador, o grave abalo psíquico que resulta inexoravelmente da incerteza quanto à possibilidade de arcar com a compra, para si e sua família, de alimentos, remédios, moradia, educação, transporte e lazer.

Recurso de revista conhecido e não provido."

(RR-456-47.2011.5.04.0221, Rel. Min. Augusto César Leite de Carvalho, 6ª Turma, DEJT 23.8.2013).

"DANO MORAL — ATRASO REITERADO NO PAGAMENTO DE SALÁRIOS — CONFIGURAÇÃO.

A questão referente ao dano moral em decorrência do atraso no pagamento de salários tem sido analisada sob duas perspectivas: a primeira, em que ocorre o simples atraso no pagamento de salários, e a segunda, quando esse atraso é reiterado, contumaz, reconhecendo-se no segundo caso o direito à indenização por dano moral. A Corte regional, em avaliação do conjunto fático-probatório, afirmou que o atraso no pagamento de salários era reiterado. A repetida impontualidade da empregadora tem como consequência a dificuldade de o trabalhador saldar suas obrigações.

Dessa forma, constatada a violação do princípio da dignidade humana do trabalhador, o direito à reparação dos danos morais é a sua consequência.

Agravo de instrumento desprovido."

(AIRR n. 2093-73.2010.5.09.0562, Rel. Min. Luiz Philippe Vieira de Mello Filho, 7ª Turma, DEJT 20.9.2013)

Mister registrar que o Tribunal Superior do Trabalho faz a distinção entre atraso no pagamento de salário e atraso no pagamento das verbas resilitórias, predominando o entendimento de que, quando a mora diz respeito apenas quanto a este último, não há reparação por danos morais.

"(...) ATRASO NO PAGAMENTO DAS VERBAS RESCISÓRIAS. INDEVIDO O PAGAMENTO DE DANOS MORAIS.

A jurisprudência desta Corte distingue os atrasos salariais e o atraso no pagamento das verbas rescisórias, considerando cabível o pagamento de indenização por dano moral nos casos de atrasos reiterados nos pagamentos salariais mensais, mas não no caso de atraso na quitação de verbas rescisórias. Precedentes.

Recurso de revista conhecido e provido. (...)."

(Processo: RR n. 119800-06.2009.5.01.0082 Data de Julgamento: 21.5.2014, Relator Ministro: Augusto César Leite de Carvalho, 6ª Turma, Data de Publicação: DEJT 23.5.2014).

## 5.2. USO DE PALAVRAS OU DE EXPRESSÕES DEPRECIATIVAS

As palavras possuem cor, textura, cheiro e poder. A poetisa carioca Cecília Meireles reconheceu a força das palavras, que são, ao mesmo tempo, frágeis como o vidro e mais poderosas que o aço.

A Constituição da República Federativa do Brasil (CRFB), promulgada em 5.10.1988, assegura aos trabalhadores, urbanos e rurais, o direito a um ambiente de trabalho sadio (artigo 7º, *caput,* c/c artigo 225, *caput*). Dessarte, o empregador que possui o hábito de xingar o empregado pratica ato ilícito, que fere a dignidade deste, pois vai de encontro aos direitos da personalidade.

Válido registrar que os direitos da personalidade são classificados como:

> a) direito à integridade física (direito à vida, à higidez corpórea, às partes do corpo etc.);
>
> b) direito à integridade intelectual (direito à liberdade de pensamento, à autoria artística e científica e à invenção);
>
> c) direito à integridade moral (direito à imagem, ao segredo, à boa fama, à honra, à intimidade, à privacidade, à liberdade civil, política e religiosa etc.)."

Nessa toada a jurisprudência do Tribunal Regional do Trabalho da 1ª Região, como se depreende das ementas transcritas abaixo, *verbis*:

"DANO MORAL. XINGAMENTO. CONFIGURAÇÃO.

Configura ato ilícito passível de ensejar indenização o ato do empregado que, utilizando da superioridade, repreende o trabalhador com xingamento na frente de outros empregados. Nesse caso, há abuso de poder por parte do empregador."

(PROC. TRT-RO n. 0001071-30.2012.5.01.0045. 6ª Turma. Data de julgamento: 28.5.2014. Claudia Regina Vianna Marques Barrozo. Juíza convocada relatora)

"RECURSO ORDINÁRIO. DANO MORAL. DIGNIDADE DO EMPREGADO. OFENSA GENÉRICA POR XINGAMENTO.

Os direitos da personalidade são classificados como direito à integridade física, à integridade intelectual e à integridade moral, sendo esta dividida em objetiva e subjetiva. A objetiva é a visão que os outros têm a nosso respeito, mediante a percepção de seus sentidos, seja pelas nossas atitudes, nossos gestos, enfim, por qualquer fato que nos torne públicos; ao passo que a subjetiva é a visão que cada um faz de si mesmo, independentemente do que possamos parecer frente aos demais. Não há como ignorar que um xingamento que ofende a honra das pessoas do grupo ofendido traz a obrigação de indenizar, diante da regra geral de responsabilidade civil, trazida no artigo 927 do Código Civil. Todavia, se proferido de forma genérica, o valor da indenização não merece ser majorado."

(Processo: 0094900-97.2009.5.01.0521 — RO. 10ª Turma. Data de julgamento: 15.4.2013. Desembargador: Flávio Ernesto Rodrigues Silva)

"DANO MORAL. HIPÓTESE.

O dano moral se configura como lesão à dignidade humana, aos direitos da personalidade (honra, imagem, nome, intimidade, privacidade, dentre outros). Constitui uma lesão extrapatrimonial, a qual não pode ser mensurada em dinheiro. O empregado que habitualmente é submetido a xingamento por superior hierárquico na frente de outros funcionários sobre (*sic*), sem dúvida, abalo em sua honra."

(Processo: 0000860-36.2012.5.01.0031 — RTOrd. 6ª Turma. Data de julgamento: 17.6.2013. Claudia Regina Vianna Marques Barrozo. Juíza convocada relatora)

Como não poderia ser diferente, segundo a jurisprudência do Tribunal Superior do Trabalho, o empregador que xinga, que dispara palavra de baixo calão contra o empregado fere a dignidade deste, causando-lhe dano moral. *Verbis:*

"AGRAVO DE INSTRUMENTO EM RECURSO DE REVISTA. DANOS MORAIS. ABUSO DO PODER DIRETIVO.

1. Na espécie, o e. TRT consignou que, a teor da prova testemunhal, a reclamante foi submetida à situação de constrangimento e humilhação. Foi relatado que a superior hierárquica disse à reclamante que era melhor que ficasse em casa (...) ao invés de ficar atrapalhando o serviço — e também que proferiu palavrões à reclamante —, assim como fez com uma das testemunhas. 2. A e. Corte regional constatou que — referida

pessoa não era dada à cordialidade e urbanidade necessárias ao convívio profissional e social. Tais circunstâncias, no entender daquele Tribunal, causaram dor moral à reclamante, perante os seus colegas de trabalho e com repercussão, por consequência, em seu meio social, ensejando, portanto, o pagamento da indenização pleiteada. 3. Incumbe ao empregador o dever de proporcionar ao empregado as condições de higiene, saúde e segurança no ambiente laboral, sob pena de afronta ao princípio da prevenção do dano ao meio ambiente, exteriorizado, no âmbito do Direito do Trabalho, na literalidade do artigo 7º, XXII, da Carta Magna. O fato de o empregador exercer de forma abusiva seu poder diretivo — artigo 2º da CLT —, com a utilização de práticas degradantes de que é vítima o trabalhador, implica violação dos direitos de personalidade, constitucionalmente consagrados (artigo 1º, III). A afronta à dignidade da pessoa humana, aliada ao abuso do poder diretivo do empregador, dá azo ao dever de compensar pelo decorrente dano moral. 4. Inviolados os artigos 1º, II, III, IV, 2º, 3º, III, IV, 5º, III, X, XV, XLI, 7º, XXII, 170, 193, 196, 225, §§ 1º e 3º da Carta Magna e 51, IV, do CDC."

(TST-AIRR-496-18.2011.5.02.0372, 1ª Turma, Relator Ministro Hugo Carlos Scheuermann, DEJT 27.9.2013)

"AGRAVO DE INSTRUMENTO. DANOS MORAIS. OCORRÊNCIA. NÃO PROVIMENTO.

Comete ato ilícito a ensejar o pagamento de indenização por danos morais o empregador cujo gerente é grosso e trata desrespeitosa e degradantemente os funcionários, dirigindo-lhes palavras ofensivas, uma vez que viola seus direitos da personalidade à honra e à dignidade humana. Valor: R$ 10.000,00 (dez mil reais). Agravo de instrumento a que se nega provimento."

(TST-AIRR-4318-38.2010.5.15.0000, 2ª Turma, Relator Ministro Guilherme Augusto Caputo Bastos, Data de Publicação 24.2.2012)

"INDENIZAÇÃO POR DANOS MORAIS.

Inafastável a culpa, uma vez que o Regional constatou, por meio de prova testemunhal, que a reclamante foi perseguida e humilhada, ficando evidente o assédio moral na forma descendente, ou seja, de chefe para subordinado, acarretando ofensa à honra e à dignidade da ex-empregada e, consequentemente, a obrigação de reparar o dano moral perpetrado. Ilesos os artigos 5º, V, da Constituição Federal, 186 e 927 do Código Civil. O Regional não decidiu a questão pelo enfoque do ônus da prova, mas, sim, pela valoração das provas, estando incólumes os artigos 818 da CLT e 333, I, do CPC. Recurso de revista não conhecido."

(TST-RR-211-78.2010.5.03.0001, 8ª Turma, Relatora Ministra Dora Maria da Costa, DEJT 20.4.2012)

## 5.3. FALTA DE ASSINATURA NA CTPS

No que diz respeito à reparação por danos morais, no campo do Direito do Trabalho, um dos assuntos que mais geram divergências é o ora analisado: se a falta de assinatura da CTPS gera danos morais.

Para ratificar a existência de divergência, registraremos duas ementas da Alta Corte Trabalhista, espelhando posicionamentos diametralmente opostos, *ipsis litteris*:

"RECURSO DE REVISTA. INDENIZAÇÃO POR DANOS MORAIS. AUSÊNCIA DE REGISTRO DO CONTRATO DE TRABALHO NA CTPS.

Para que se configure ato ilícito a justificar a reparação de ordem moral, é necessário que a conduta do empregador acarrete efetivo prejuízo imaterial ao trabalhador, direto ou indireto, o que não ocorre na espécie. A recusa de anotação do contrato de emprego na CTPS, quando se controvertem em Juízo as hipóteses de empregado ou de trabalhador autônomo, não enseja o denominado *damnun in re ipsa*. Precedentes."

(Proc.: RR-171900-70.2004.5.02.0021.1ª Turma. TST. Ministro Relator Walmir Oliveira da Costa. Publicado em 8.3.2013)

"RECURSO DE REVISTA DO RECLAMANTE. INDENIZAÇÃO POR DANO MORAL. AUSÊNCIA DE ANOTAÇÃO DO CONTRATO NA CTPS.

O quadro descrito no acórdão regional permite concluir pela existência de dano moral, em face da inobservância, pelo empregador, do direito primordial do trabalhador de ter o seu contrato de emprego anotado em carteira de trabalho e previdência social, que lhe possibilita o acesso aos benefícios assegurados somente àqueles formalmente registrados. Recurso de revista conhecido e provido."

(TST-RR-125300-74.2009.5.15.0046, 3ª Turma, Relator Alberto Luiz Bresciani de Fontan Pereira, Julgamento 29.10.2012)

O ato omissivo do empregador de não proceder à assinatura da CTPS pode, sim, causar danos morais ao empregado, mormente quando tal omissão impossibilitar a contratação de crédito no comércio ou tornar impossível a prova da experiência profissional. Por isso, a CLT determina que a CTPS seja anotada no prazo máximo de 48 (quarenta e oito) horas. Imprescindível ponderar, ainda, que a falta de assinatura na CTPS traz um sentimento de menos valia para o trabalhador, um sentimento de estar à margem do mercado de trabalho formal.

## 5.4. REGISTROS INDEVIDOS NA CTPS

Sendo a CTPS um documento de identificação do empregado, o artigo 29, § 4º, da CLT, proíbe ao empregador proceder a registro de condutas desabonadoras da imagem daquele, tais como:

a) o motivo da dispensa (justa causa);

b) faltas praticadas pelo trabalhador;

c) ajuizamento de ações, com a indicação do número do processo etc.

Corroborando a tese *supra*, o entendimento dos tribunais trabalhistas acerca do assunto, *in verbis:*

> "RECURSO DE REVISTA — DANO MORAL — ANOTAÇÃO NA CARTEIRA DE TRABALHO DO EMPREGADO DE CUMPRIMENTO DE ORDEM JUDICIAL — EXTRAPOLAÇÃO DOS LIMITES INSCRITOS NO COMANDO JUDICIAL — ATITUDE DESAIROSA — ATITUDE COM INTENÇÃO SUBLIMINAR DE PREJUÍZO AO EMPREGADO.

Configura-se como dano de ordem moral a atitude do empregador que, ao valer-se de determinação judicial, processa anotação na Carteira de Trabalho do empregado com indevida indicação de que referida anotação se fazia por força de comando sentencial. Dessa atitude, com intenções subliminares, extraem-se facilmente os prejuízos sofridos pelo empregado, mormente se considerarmos a situação econômica dos dias atuais, em que o emprego formal torna-se cada vez mais escasso, sendo de conhecimento geral que as empresas adotam como critério de seleção a verificação de ajuizamento de reclamação trabalhista anterior pelo candidato ao emprego, em conduta evidentemente discriminatória, que também merece ser punida na esfera própria. A atitude do empregador denota, no mínimo, desaire, não prosperando a sua escusa no sentido de que cumprira ordem judicial, pois a tanto não chegam os julgadores que, sabedores dos critérios de avaliação adotados pelas empresas, assim não determinariam referida anotação, pois em dissonância, inclusive, com as orientações da própria Justiça do Trabalho que, para preservação dos empregados que dela fazem uso do direito de ação, constitucionalmente previsto, proibira o acesso a informações acerca de ajuizamento de reclamações partindo-se da indicação do nome do reclamante. Assim, tal circunstância não exime o empregador da sua culpa. Recurso de revista conhecido e provido."

(TST-RR- 12400-59.2009.5.12.0038, Rel. Min: Luiz Philippe Vieira de Mello Filho, 1ª Turma, DEJT 5.8.2011)

"INDENIZAÇÃO POR DANOS MORAIS — ANOTAÇÃO NA CTPS DO RECLAMANTE — APOSIÇÃO DE QUE A REINTEGRAÇÃO TERIA DECORRIDO DE PROCESSO JUDICIAL.

1. O patrimônio moral a ser reparado em caso de dano é constituído pela intimidade, vida privada, honra e imagem da pessoa (CF, artigo 5º, X), não sendo qualquer sofrimento psicológico passível de indenização, senão aquele decorrente diretamente da violação daqueles bens constitucionalmente tutelados.

2. Na hipótese dos autos, a Turma registrou que a Reclamada teria anotado a Carteira de Trabalho e Previdência Social (CTPS) com a expressa menção de que a reintegração teria decorrido de processo judicial.

3. Tal fato, segundo entende este Relator, não seria suficiente a ensejar a caracterização de abalo moral, à luz do texto constitucional. Isso porque:

a) o registro lançado na CTPS é verídico; b) não se pode presumir que a Empresa tenha agido de má-fé; c) a única pecha que estaria sendo atribuída ao Empregado seria a de ter exercido seu legítimo direito de ação, não decorrendo daí, de per si, estigma para o empregado; d) se o empregador não proceder ao registro, a CTPS será anotada pela secretaria da própria Vara do Trabalho, nos termos do artigo 39, § 1º, da CLT.

4. Contudo, a jurisprudência da SBDI-1 desta Corte, com ressalva de entendimento deste Relator, segue no sentido de que é devida a indenização por danos morais nas hipóteses em que o empregador apõe registro na CTPS do Reclamante, especificando que a anotação decorreu de sentença judicial, à luz do disposto nos artigos 29, § 4º, da CLT e 186, 187 e 927 do Código Civil.

5. Assim, deve ser restabelecida a sentença que fixou a indenização por danos morais em R$ 10.000,00 (dez mil reais).

Embargos conhecidos e providos."

(TST-E-RR n. 139900-94.2009.5.20.0003, Rel. Min: Ives Gandra Martins Filho, SBDI-1, DEJT 22.6.2012).

# Capítulo 6

## Obrigações do Empregado Doméstico

Uma das características do contrato de trabalho é a bilateralidade, isto é, gerar direitos e obrigações para ambas as partes: empregado e empregador. Sem prejuízo de outras obrigações legais e contratuais, o empregado doméstico deve:

    a) agir com honestidade, evitando assim a dispensa por justa causa por ato de improbidade. A improbidade, à luz da CLT, consubstancia-se em ato criminoso praticado contra o patrimônio do empregador, ensejando a dispensa imediata, independentemente de ter ocorrido uma única vez. O furto, o roubo, pouco importando o valor do objeto, a desonestidade com "alteração" de dados constantes de atestado médico, por exemplo, por parte do empregado, resultam na quebra da fidúcia e, automaticamente, na impossibilidade da manutenção da relação de emprego. *Verbis:*

"RECURSO ORDINÁRIO. APRESENTAÇÃO DE ATESTADO MÉDICO FALSO. JUSTA CAUSA PARA DISPENSA. ATO DE IMPROBIDADE. CONFIGURAÇÃO.

O empregado que entrega atestado médico falso comete, na esfera trabalhista, ato de improbidade (CLT, artigo 482, 'a'), e pratica, no âmbito penal, o crime de uso de documento falso (CP, artigo 304). A presunção da boa fé implica no dever de honestidade, lealdade, correção, transparência e clareza. O uso de atestado falso pelo empregado, com o fim de justificar a ausência ao serviço faz presumir a má-fé, configurando, assim, a falta grave, consubstanciada em ato de improbidade, a autorizar a dispensa do obreiro por justo motivo, restando, assim, incólume a r. sentença *a quo*, pois, aplicando o empregador uma punição exemplar ao seu empregado, sem exorbitar do seu poder disciplinar, a Justiça do Trabalho não poderá invalidar a sanção, já que somente o excesso deverá ser corrigido em sede judicial, revelando que o Judiciário Trabalhista é sensível ao punir fatos efetivamente graves.

Recurso improvido."

(Proc.: 0011900-06.2008.5.01.0241. 5ª Turma. TRT-1ª Região. Publicação: 19.1.2012. Desembargador Relator: Antonio Carlos Areal).

"JUSTA CAUSA. IMPROBIDADE. O valor ou insignificância do objeto apropriado não afasta a penalidade, pois o comportamento inadequado do obreiro macula, na essência, a relação de confiança que existe entre as partes, impedindo a continuidade da relação empregatícia."

(Proc.: n. 0001350-44.2012.5.01.0262. 2ª Turma. TRT 1ª Região. Publicação: 8.1.2014. Desembargador Relator Fernando Antonio Zorzenon da Silva).

Impende destacar que a improbidade se caracteriza também com a prática de atos contra o patrimônio de terceiros, como furtar objetos de visitas que estejam no local da prestação do serviço.

b) manter um bom comportamento, evitando procedimentos que firam as regras do bem-viver, bem como atos de impolidez, de grosseria. O mau procedimento do empregado é considerado justa causa (artigo 482, "b", da CLT). Exemplos: pichar paredes, danificar equipamentos, aparelhos domésticos;

c) ter continência de conduta (compatível com a moral sexual e desde que relacionada com o emprego);

d) ser assíduo e pontual, evitando a desídia, que significa indolência, preguiça, desmazelo, desinteresse. A empregada doméstica que deixa uma criança de 2 (dois), 3 (três) anos de idade brincar com instrumentos cortantes, perfurantes pratica a desídia. O empregado doméstico que, durante a viagem dos empregadores, deixa de ir laborar, sem a autorização destes ou sem justificativa legal, pratica a desídia. A desídia também é tipificada como justa causa (artigo 482, "e", da CLT). Nesse sentido as ementas abaixo, *in verbis*:

"JUSTA CAUSA. DESÍDIA.

A desídia traduz-se pela síntese de faltas leves, implicando na aplicação da penalidade máxima ao faltoso, revelada pela justa causa do rompimento do liame de emprego."

(0000289-83.2012-5.01.0025. 6ª Turma. TRT 1ª Região. Publicação: 26.4.2013. Desembargador Relator: Jose Antonio Piton)

"JUSTA CAUSA. DESÍDIA.

A desídia caracteriza-se, em regra, pela reiteração de prática ou omissão de vários atos (ausências, comparecimento impontual, tarefas imperfeitas). Assim, o empregado que falta habitualmente ao serviço mostra-se desidioso, o que justifica a aplicação da punição com a dispensa por justa causa."

(Proc.: 0000898-91.2013.5.01.0264. 6ª Turma. TRT 1ª Região. Desembargadora Relatora: Claudia Regina Vianna Marques Barrozo. Publicação: 20.2.2014).

e) não chegar ao trabalho embriagado, nem embriagar-se no local e no horário de labor, haja vista as consequências danosas que podem surgir. Imaginemos um motorista, uma babá, uma cozinheira, laborando embriagados: o risco é iminente e acentuado;

f) ser discreto, não dando publicidade às informações de que dispõe em decorrência do labor. O empregado doméstico, por laborar para o âmbito residencial, acaba ouvindo conversas íntimas da família para a qual labora, sabendo, muitas vezes, dos infortúnios que batem à porta dos empregadores (doenças, vícios, problemas financeiros, desavenças familiares etc.);

g) não praticar ato de insubordinação (descumprimento de ordens diretas e pessoais). É óbvio, no entanto, que o empregado não é obrigado a cumprir ordens ilegais e abusivas, como passar trotes pelo telefone; lavar janelas, localizadas em alturas consideráveis, sem equipamento de proteção etc.;

h) não praticar ato lesivo à honra e boa fama do empregador ou terceiros, confundindo-se com a injúria, calúnia e difamação;

i) não praticar ofensas físicas, tentadas ou consumadas, contra o empregador, superior hierárquico ou terceiros;

j) ao receber o salário, assinar recibo, dando quitação do valor percebido. Sendo analfabeto, deverá colocar a impressão digital, à luz do artigo 464, *caput*, da CLT;

k) quando pedir demissão, avisar ao empregador sua intenção, com a antecedência mínima de 30 (trinta) dias, para que este tenha tempo hábil, para procurar um substituto. Esta obrigação está contida no artigo 487, § 2º, da CLT. O empregado não precisará conceder aviso-prévio ao empregador, quando este praticar uma justa causa, hipótese em que aquele deverá ajuizar reclamação trabalhista, postulando a rescisão indireta, nos termos do artigo 483 da CLT.

# Capítulo 7

# Prescrição

A prescrição, numa concepção jurídica moderna, pode ser entendida como a perda de ver reconhecido, em juízo, um direito e não a perda do direito de ação, pois o Judiciário poderá ser acionado a qualquer instante pelo titular do direito.

É bom lembrar ainda que a prescrição não corre contra os menores de 18 (dezoito) anos na Justiça do Trabalho. Isso quer dizer que somente quando o empregado completar 18 (dezoito) anos de idade é que o prazo prescricional começará a fluir, de acordo com o artigo 440 da CLT.

À luz do artigo 7º, XXIX, da CRFB/88, o prazo prescricional dos direitos trabalhistas é de 5 (cinco) anos, "até o limite de 2 (dois) anos após a extinção do contrato de trabalho".

## 7.1. PRESCRIÇÃO TOTAL E PARCIAL

Terminado o contrato de trabalho, a parte tem 2 (dois) anos para ajuizar a reclamação trabalhista, postulando os direitos a que entende fazer jus, trata-se da prescrição total. Ocorre que o reclamante poderá pleitear os últimos 5 (cinco) anos, contados da data da propositura da ação, esta é a prescrição parcial.

No que tange ao depósito mensal do FGTS, há uma peculiaridade com relação à prescrição. Respeitado o prazo de 2 (dois) anos, após o término do contrato de emprego (prescrição total), o empregado poderá pleitear os depósitos relativos aos últimos 30 (trinta) anos, logo a prescrição parcial, com relação aos depósitos de tal rubrica, é TRINTENÁRIA, conforme Súmula n. 362 do TST.

## 7.2. PRESCRIÇÃO EM AÇÕES DECLARATÓRIAS

Entendemos que as ações de cunho apenas declaratório, como pedido de declaração de vínculo empregatício, sem pleito de pagamento de rubricas contratuais, não estão sujeitas a prazo prescricional.

Existe uma considerável corrente doutrinária e jurisprudencial defendendo a tese *supra*, pois, para esses pensadores, a prescrição abarcaria parcelas de cunho patrimonial, não alcançando, pois, pedidos estritamente de natureza declaratória. O doutrinador e Ministro do TST Mauricio Godinho Delgado é um dos adeptos de tal pensamento. *In verbis:*

> "Há importante posição doutrinária e jurisprudencial que entende não se sujeitarem à prescrição, na ordem jurídica do país, pleitos meramente declaratórios. Argumenta-se que a prescrição abrangeria parcelas patrimoniais, as quais não se fariam presentes em pedidos de caráter estritamente declaratórios.
> 
> No Direito do Trabalho, constitui importante pedido declaratório o de reconhecimento de vínculo empregatício, sem

pleito de pagamento de parcelas contratuais derivadas do correspondente período. A correlação entre reconhecimento de vínculo e anotação de Carteira de Trabalho (esta consistindo em obrigação de fazer — e não mera declaração) não prejudicaria a tese mencionada: é que, em tais casos, a sentença deveria determinar à Secretaria da Vara Trabalhista que efetuasse as devidas anotações — e não exatamente ao próprio empregador (§ 1º do artigo 39 da CLT)."

O artigo 11, § 1º, da CLT, reforça a tese da imprescritibilidade das ações meramente declaratórias, ajuizadas com o desiderato de conseguir as anotações na CTPS, para fins de prova junto à Previdência Social.

## 7.3. DECLARAÇÃO DA PRESCRIÇÃO DE OFÍCIO

A prescrição de verbas de caráter patrimonial, antes da Lei n. 11.280, de 16 de fevereiro de 2006, não podia ser declarada de ofício pelo magistrado, isto é, o juiz ficava atrelado à provocação da parte interessada, em preliminar de contestação.

O artigo 194 do Código Civil Brasileiro, de 1916, registrava que o juiz não podia suprir, de ofício, a alegação de prescrição, salvo se favorecesse a absolutamente incapaz.

Por seu turno, o artigo 219, § 5º, do Código de Processo Civil brasileiro, estabelecia que, excetuando-se os direitos patrimoniais, o juiz podia, de ofício, conhecer da prescrição e decretá-la de imediato. Com o advento da Lei supracitada, que modificou a redação do artigo 219, § 5º, do Código de Processo Civil, o juiz pode decretar a prescrição de ofício, mesmo que se trate de direitos patrimoniais.

Por seu turno, não observado o prazo artigo 7º, inciso XXIX, da CRFB/88, pelo reclamante, o magistrado trabalhista não poderá decretar, de ofício, a prescrição de créditos trabalhistas, haja vista que, para aplicar o CPC, de forma subsidiária, o artigo 769 da CLT, exige que não haja incompatibilidade com os princípios desta sedutora ciência social. Como o salário possui natureza alimentar, não pode o juiz do trabalho decretar de ofício a prescrição.

Mudamos, pois, o nosso entendimento, defendido em obras anteriores, curvando-nos à jurisprudência majoritária do TST.

## 7.4. PRESCRIÇÃO E EMPREGADO DOMÉSTICO

O prazo prescricional dos direitos trabalhistas, conforme já aduzido, de acordo com o artigo 7º, XXIX, da Constituição da República Federativa do Brasil, é de 5 (cinco) anos,

> "até o limite de 2 (dois) anos após a extinção do contrato de trabalho."

Assim, conquanto haja divergências, lecionando alguns que o prazo prescricional, para as ações que tenham como parte o doméstico, é de 5 (cinco) anos, após o término do contrato de emprego do doméstico, pelo fato de o inciso XXIX não estar incluso no rol do parágrafo único, do artigo 7º, da CRFB, mesmo após o advento da Emenda Constitucional n. 72/2013, entendemos sê-lo, perfeitamente, aplicável à relação de trabalho do doméstico.

O doutrinador Mauricio Godinho Delgado também se posiciona nesse sentido. *Verbis:*

> "O prazo prescricional aplicável ao contrato doméstico é aquele próprio ao trabalhador urbano, fixado pelo artigo 7º, XXIX, da Constituição da República: 5 (cinco) anos, até o limite de 2 (dois) anos após a extinção do contrato (prazo estendido até para o rurícola, desde a EC n. 28/00)."

Nessa toada a lição da professora Vólia Bomfim Cassar, *ipsis litteris:*

> " Quanto à prescrição, apesar de não incluído até hoje o inciso XXIX do artigo 7º da CR no parágrafo único do mesmo

artigo, defendemos que a prescrição é norma de característica pública, portanto, aplicável ao doméstico."

Assim, discordamos do mestre Sergio Pinto Martins, defensor da tese de que não se aplica o inciso XXIX, do artigo 7º, da CRFB/88, ao doméstico. *In verbis:*

"Entendo que não é o caso, pois o parágrafo único do artigo 7º da Lei Magna é claro no sentido de quais de seus incisos devem ser aplicados ao doméstico, mas não enumera o inciso XXIX. Isso implica dizer que o constituinte teve intuito deliberado no sentido de que o inciso XXIX do artigo 7º do Estatuto Supremo não deveria ser aplicado ao doméstico, pois do contrário teria sido expresso nesse sentido."

# Capítulo 8

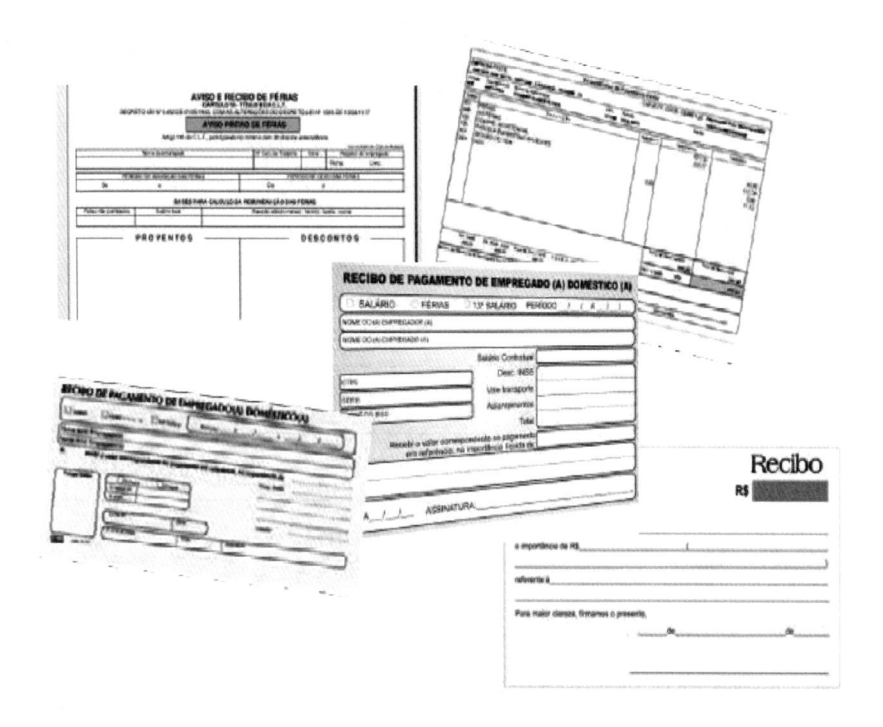

## Modelos de Recibos

A seguir, iremos apresentar sugestões de modelos de alguns recibos e de contracheques referentes ao contrato de trabalho com o empregado doméstico.

## 8.1. CONTRACHEQUE

**RECIBO**

Empregador: _____

Empregado: _____

Período (mês): _____

Salário contratual: R$ _____

FGTS do mês: R$ _____

Descontos:

Vale-transporte: R$ _____

Contribuição Previdenciária (INSS) R$ _____

Adiantamentos: R$ _____

Total: R$ _____

Local e data: _____

_____
Assinatura do empregado

No que tange ao salário, imperioso registrar que, no estado onde houver piso salarial superior ao salário mínimo, aquele deverá ser o adotado.

Caso o empregado seja analfabeto, deverá colocar a impressão digital no recibo mensal de pagamento, à luz do artigo 464, *caput,* da CLT.

Como regra, o valor a ser descontado do salário a título de INSS corresponderá a 8% (oito por cento).

Manifestando o empregado o desejo de receber o vale-transporte, o valor máximo a ser descontado no salário será de 6% (seis por cento) sob esta rubrica. Caso ultrapassado este valor, o empregador arcará com o excesso.

O valor do FGTS deve constar do contracheque, no entanto não pode ser pago diretamente ao empregado, haja vista que deverá ser depositado em conta específica junto à Caixa Econômica Federal. Como visto em capítulo específico, o direito ao FGTS ainda carece de regulamentação.

## 8.2. VALE-TRANSPORTE

---

**VALE-TRANSPORTE**

Empregador: _____

Empregado: _____

Declaro, para os devidos fins, que não desejo usufruir do benefício vale-transporte, instituído pela Lei n. 7.418/85, pelo motivo abaixo exposto:

    a) ( ) utilizo meio próprio de transporte;

    b) ( ) o custo do meu transporte é inferior a 6% (seis por cento) do meu salário;

    c) ( ) não utilizo transporte por morar próximo ao local de trabalho;

    d) ( ) _____.

Local e data: _____

_____
Assinatura do empregado

## 8.3. FOLHA DE PONTO

---

**FOLHA DE PONTO**

Empregador: _____

Empregado: _____

Mês: _____ ano: _____

Dia: _____

Entrada: _____

Intervalo para almoço: das _____ às _____ saída: _____

---

Como o empregado doméstico, com a Emenda Constitucional n. 72, promulgada em 2.4.2013, passa a ter horário de trabalho definido em lei, torna-se seguro, mormente para o empregador, ter o registro do horário de trabalho diário do doméstico, que deve ser anotado por este próprio.

No fim do mês, o empregador arquiva a folha de ponto. Há, no comércio, livros de ponto que podem ser utilizados pelo empregador, pois têm a vantagem de concentrar a documentação.

## 8.4. AVISO DE FÉRIAS

**FÉRIAS**

Em atenção ao disposto no artigo 135 da CLT, que determina que o empregador informe, por escrito, ao empregado, com antecedência mínima de 30 (trinta) dias, o início da concessão das férias, fica neste ato o trabalhador ciente do período do gozo de suas férias, qual seja: de _____ a _____.

Local e data: _____

_____
Assinatura do empregado

## 8.5. RECIBO DE FÉRIAS

---

**RECIBO**
**FÉRIAS**


Empregador: _____

Empregado: _____


Férias do período aquisitivo: _____

Período de concessão (gozo): _____

Valor do salário: R$ _____

Valor do 1/3 (um terço) das férias: R$ _____

FGTS do mês: R$ _____


Local e data: _____


_____
Assinatura do empregado

---

As férias devem ser pagas, pelo menos, 2 (dois) dias antes do início do período de gozo, sob pena de o empregador ter de pagá-las em dobro ao empregado (artigo 145 da CLT).

## 8.6. AVISO-PRÉVIO TRABALHADO

**AVISO-PRÉVIO TRABALHADO**

Empregador: _____

Empregado: _____

Nos termos do artigo 487 da CLT, informamos-lhe que está de aviso-prévio na modalidade trabalhado, com início em____ e término em ____, servindo o presente como comunicado de rescisão contratual a partir do cumprimento deste.

Deverá, ainda, o empregado escolher entre as opções abaixo:

a) ( ) trabalhar menos 2 (duas) horas por dia, durante o período do aviso-prévio;

b) ( ) trabalhar o horário integral, durante todo o aviso, e faltar 7 (sete) dias consecutivos.

Local e data: _____

_____
Assinatura do empregado

## 8.7. AVISO-PRÉVIO INDENIZADO

---

**AVISO-PRÉVIO INDENIZADO**

Empregador: _____

Empregado: _____

Nos termos do artigo 487 da CLT, informamos-lhe que está de aviso-prévio na modalidade indenizado, com início em_____, oportunidade em que não precisará mais comparecer para prestar seus serviços.

Local e data: _____

_____
Assinatura do empregado

---

Necessário recordar que, independentemente da modalidade de aviso-prévio, isto é, indenizado ou trabalhado, este tempo repercutirá no contrato de emprego para todos os efeitos, inclusive, quanto à data a ser anotada na CTPS, como a de término do contrato, nos termos da Orientação Jurisprudencial n. 82 da SDI-I do TST.

# Referências

BELMONTE, Alexandre Agra. *Danos morais no direito do trabalho*. 3. ed. Rio de Janeiro: Renovar, 2007.

CASSAR, Vólia Bomfim. *Direito do trabalho*. 9. ed. Rio de Janeiro: Forense; São Paulo: Método, 2014.

DELGADO, Mauricio Godinho. *Curso de direito do trabalho*. 4. ed. São Paulo: LTr, 2005.

FREITAS, Christiano Abelardo Fagundes; PAIVA, Léa Cristina Barboza da Silva. *Curso de direito individual do trabalho*. São Paulo: LTr, 2005.

_____ . *Direitos e deveres do empregado e do empregador doméstico*. Campos dos Goytacazes: FAFIC, 2005.

_____ . *Curso de direito individual do trabalho*. Campos dos Goytacazes: FAFIC, 2005.

_____ . *Empregado doméstico*: direitos e deveres. São Paulo: Método, 2006.

MARTINS, Sergio Pinto. *Direito do trabalho*. 21. ed. São Paulo: Atlas, 2005.

_____ . *Comentários à CLT*. 7. ed. São Paulo: Atlas, 2003.

MOURA, Marcelo. *Curso de direito do trabalho*. São Paulo: Saraiva, 2014.

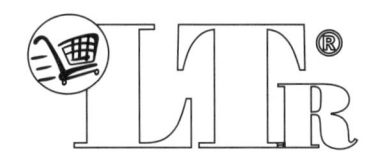

LOJA VIRTUAL
www.ltr.com.br

E-BOOKS
www.ltr.com.br